Reader's Bank

세상이 변해도
배움의 즐거움은
변함없도록

시대는 빠르게 변해도
배움의 즐거움은
변함없어야 하기에

어제의 비상은
남다른 교재부터
결이 다른 콘텐츠
전에 없던 교육 플랫폼까지

변함없는 혁신으로
교육 문화 환경의 새로운 전형을
실현해왔습니다.

비상은 오늘, 다시 한번
새로운 교육 문화 환경을 실현하기 위한
또 하나의 혁신을 시작합니다.

오늘의 내가 어제의 나를 초월하고
오늘의 교육이 어제의 교육을 초월하여
배움의 즐거움을 지속하는 혁신,

바로, 메타인지 기반 완전 학습을.

상상을 실현하는 교육 문화 기업 비상

메타인지 기반 완전 학습

초월을 뜻하는 meta와 생각을 뜻하는 인지가 결합한 메타인지는
자신이 알고 모르는 것을 스스로 구분하고 학습계획을 세우도록 하는
궁극의 학습 능력입니다. 비상의 메타인지 기반 완전 학습 시스템은
잠들어 있는 메타인지를 깨워 공부를 100% 내 것으로 만들도록 합니다.

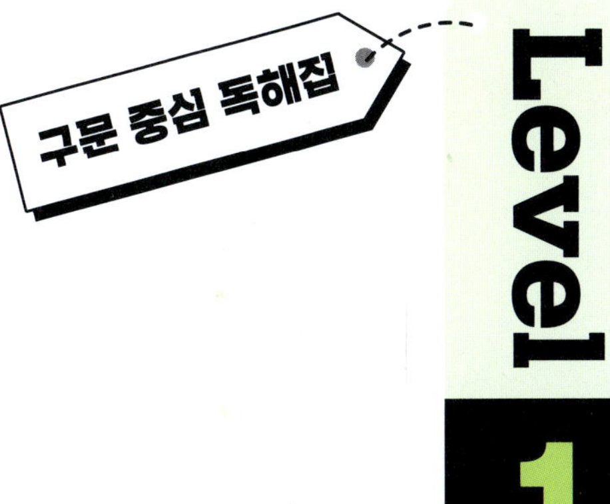

구문 중심 독해집
Level 1
Lexile 450-550

Reader's Bank

Reader's Bank
by the Numbers!

1,500 만 부 판매

Reader's Bank 시리즈는 1985년 첫 출간된 이래, 40여 년 동안 베스트셀러 자리를 유지하고 있습니다. 지금까지 1,500만 부 이상 판매되면서 많은 독자들로부터 검증된 영어 독해 교재 시리즈로 인정받고 있습니다. Reader's Bank 시리즈는 단순히 독해력을 키우는 것만을 목표로 하지는 않습니다. 그보다 더 가치 있는 것은 독자들의 가슴에 영어에 대한 사랑의 씨앗을 심어주는 것입니다.

1,438 명 선생님들의 소중한 피드백 반영!

Reader's Bank 시리즈는 항상 독자들의 목소리를 소중히 여깁니다. 이번 개정 판에서도 이 시리즈를 사용하는 선생님들의 그룹(Google groups)에 속한 1,438명에게 여러 차례 설문 조사를 실시하여 그들의 다양한 의견들을 듣고 반영하였습니다. 또한 이번 개정판에 사용된 모든 지문들은 지난 3년간 Reader's Bank를 직접 사용해오신 선생님들로 구성된 카카오 채팅방(126명)을 통해 치밀한 피드백을 받았습니다. 덕분에 지문의 난이도와 흥미도에 대한 독자들의 확실한 검증을 받을 수 있었습니다.

단어장

Level 1

01 힘든 일은 저에게 시키세요!　14쪽

- ☐ **clean** [kliːn] 클리ː-ㄴ　동 청소하다
- ☐ **dirty** [dɔ́ːrti] 더ːr티　형 더러운, 지저분한
- ☐ **heavy** [hévi] 헤비　형 무거운
- ☐ **moon** [muːn] 무ː-ㄴ　명 달
- ☐ **move** [muːv] 무ː-ㅂ　동 옮기다; 움직이다
- ☐ **quickly** [kwíkli] 퀴클리　부 빨리
- ☐ **smart** [smɑːrt] 스마ːr-ㅌ　형 똑똑한
- ☐ **worker** [wɔ́ːrkər] 워ːr커r　명 일하는 사람

02 눈치 빠른 소년　15쪽

- ☐ **ask** [æsk] 애스ㄲ　동 물어보다
- ☐ **backyard** [bǽkjɑ́ːrd] 백야ːr-ㄷ　명 뒤뜰
- ☐ **break** [breik] 브뤠이ㅋ　동 깨다
- ☐ **calmly** [kɑ́ːmli] 카ː암리　부 침착하게
- ☐ **fly** [flai] 플라이　동 날다, 날아가다
- ☐ **hard** [hɑːrd] 하ːr-ㄷ　부 세게, 강하게
- ☐ **kick** [kik] 킥　동 (발로) 차다
- ☐ **open** [óupən] 오우픈　형 열려 있는

☐ **amazing** [əméiziŋ] 어메이징	형 놀라운
☐ **date** [deit] 데이ㅌ	명 날짜
☐ **hope** [houp] 호우ㅍ	동 희망하다
☐ **invention** [invénʃən] 인벤션	명 발명품
☐ **inventor** [invéntər] 인벤터r	명 발명가
☐ **Mars** [mɑːrz] 마ːrㅈ	명 화성
☐ **news** [njuːz] 뉴ːㅈ	명 뉴스
☐ **rocket** [rάkit] 롸킽	명 로켓
☐ **subject** [sʌ́bdʒikt] 써브직ㅌ	명 제목; 주제
☐ **take** [teik] 테이ㅋ	동 데리고 가다
☐ **take a walk**	산책하다
☐ **wonderful** [wʌ́ndərfəl] 원더r펄	형 아주 멋진

04 나는 물고기가 아니에요!   20쪽

- **die** [dai] 다이 — 동 죽다
- **flow** [flou] 플로우 — 동 흐르다
- **light** [lait] 라이트 — 형 가벼운
- **material** [mətíəriəl] 머티어뤼얼 — 명 재료, 물질
- **ocean** [óuʃən] 오우션 — 명 바다, 대양
- **strong** [strɔːŋ] 스뜨뤄:엉 — 형 튼튼한
- **throw ~ away** — ~을 버리다
  throw [θrou] 쓰로우 — 동 버리다; 던지다
- **use** [juːz] 유:ㅈ — 동 사용하다

05 젖소와 우유   21쪽

- **cow** [kau] 카우 — 명 소, 젖소
- **delighted** [diláitid] 딜라이티드 — 형 매우 기쁜
- **farm** [fɑːrm] 파:rㅁ — 명 농장
- **happen** [hǽpən] 해편 — 동 발생하다, 일어나다
- **idea** [aidíːə] 아이디:어 — 명 생각, 아이디어
- **interesting** [íntərəstiŋ] 인터뤄스팅 — 형 흥미로운
- **nice** [nais] 나이ㅅ — 형 친절한, 다정한
- **raise** [reiz] 뤠이ㅈ — 동 기르다

06 미래에는 어떻게 공부할까?

☐ **brain** [brein] 브뤠인	명	뇌, 두뇌	
☐ **download** [dáunlòud] 다운로우ㄷ	동	다운로드하다	
☐ **dream** [driːm] 쥬뤼ː□	동	꿈꾸다	
☐ **fantastic** [fæntǽstik] 팬태스티ㅋ	형	환상적인	
☐ **future** [fjúːtʃər] 퓨ː처r	명	미래	
☐ **imagine** [imǽdʒin] 이매쥔	동	상상하다	
☐ **job** [dʒɑb] 좌ㅂ	명	일; 직업	
☐ **learn** [ləːrn] 러ːr언	동	배우다	
☐ **put** [put] 풑	동	넣다	
☐ **skill** [skil] 스끼을	명	기술	
☐ **tiny** [táini] 타이니	형	아주 작은	
☐ **truly** [trúːli] 츄루ː울리	부	정말로	

07 나는 아름답지만 가시가 있어요!　　26쪽

- **gift** [gift] 기프ㅌ　　명 선물
- **hurt** [həːrt] 허ːrㅌ　　동 다치게 하다; 아프다
- **life** [laif] 라이프　　명 인생, 삶
- **sharp** [ʃɑːrp] 샤ːrㅍ　　형 날카로운
- **show** [ʃou] 쇼우　　동 보여주다
- **special** [spéʃəl] 스페셜　　형 특별한
- **thorn** [θɔːrn] 쏘ːr은　　명 가시
- **watch out**　　조심하다

08 신기한 붕대　　27쪽

- **bandage** [bǽndidʒ] 밴디쥐　　명 붕대
- **bleed** [bliːd] 블리ːㄷ　　동 피가 나다
- **change** [tʃeindʒ] 체인쥐　　동 바꾸다
- **cut** [kʌt] 컽　　동 베다
- **get better**　　나아지다
- **sick** [sik] 씩　　형 아픈
- **skin** [skin] 스낀　　명 피부
- **wait** [weit] 웨이ㅌ　　동 기다리다

- [ ] **adopt** [ədápt] 어답ㅌ　　동 입양하다
- [ ] **bed** [bed] 베ㄷ　　명 잠자리, 잘 곳
- [ ] **blind** [blaind] 블라인ㄷ　　형 눈이 먼, 시각 장애의
- [ ] **care for**　　~을 돌보다
- [ ] **easy** [íːzi] 이ː지　　형 쉬운
- [ ] **find** [faind] 파인ㄷ　　동 찾다
- [ ] **friendship** [fréndʃip] 프렌ㄷ쉽　　명 우정
- [ ] **loving** [lʌ́viŋ] 러빙　　형 화목한, 다정한
- [ ] **luckily** [lʌ́kili] 러킬리　　부 다행히
- [ ] **stay** [stei] 스떼이　　동 머무르다, 지내다
- [ ] **stray** [strei] 스뜨레이　　형 길 잃은, 집이 없는
- [ ] **street** [striːt] 스뜨뤼ːㅌ　　명 거리

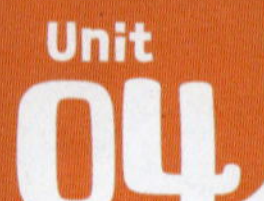

Unit 04

10 나는 따라쟁이!

- ☐ **action** [ǽkʃən] 액션 — 명 행동
- ☐ **appear** [əpíər] 어피어r — 동 나타나다
- ☐ **copy** [kápi] 카피 — 동 따라 하다, 모방하다
- ☐ **hide** [haid] 하이ㄷ — 동 숨다; 숨기다
- ☐ **move** [muːv] 무ːㅂ — 동 움직이다
- ☐ **shape** [ʃeip] 쉐이ㅍ — 명 모양, 형태
- ☐ **touch** [tʌtʃ] 터취 — 동 만지다
- ☐ **voice** [vɔis] 보이ㅅ — 명 목소리

11 사자로부터 소를 지킨 아이디어

- ☐ **hip** [hip] 히ㅍ — 명 엉덩이
- ☐ **hunt** [hʌnt] 헌ㅌ — 동 사냥하다
- ☐ **monster** [mánstər] 만스터r — 명 괴물
- ☐ **paint** [peint] 페인ㅌ — 동 (물감으로) 그리다
- ☐ **problem** [prábləm] 프롸블럼 — 명 문제
- ☐ **run away** — 도망가다
- ☐ **scary** [skɛ́əri] 스께어뤼 — 형 무서운
- ☐ **smart** [smɑːrt] 스마ːr ㅌ — 형 영리한

12 오늘 날씨는 어떤가요?

☐ **brightly** [bráitli] 브라이틀리 — 부 밝게

☐ **chilly** [tʃíli] 췰리 — 형 쌀쌀한

☐ **leave** [liːv] 리ː브 — 동 두고 가다 (과거형 left)

☐ **predict** [pridíkt] 프뤼딕트 — 동 예측하다

☐ **realize** [ríːəlàiz] 뤼ː얼라이즈 — 동 깨닫다

☐ **shine** [ʃain] 샤인 — 동 빛나다

☐ **shorts** [ʃɔːrts] 쇼ːr츠 — 명 반바지

☐ **take** [teik] 테이크 — 동 가져가다 (과거형 took)

☐ **trick** [trik] 츄륔 — 명 장난; 속임수

☐ **weather** [wéðər] 웨더r — 명 날씨

☐ **windy** [wíndi] 윈디 — 형 바람이 부는

☐ **wrong** [rɔːŋ] 뤄ː엉 — 형 틀린

13 재미난 곳엔 항상 내가 있죠! 38쪽

- [ ] **blow** [blou] 블로우 — 동 (입으로) 불다, 바람을 넣다
- [ ] **burst** [bə:rst] 버:r스트 — 동 터지다
- [ ] **celebrate** [séləbrèit] 셀러브뤠이트 — 동 축하하다
- [ ] **festival** [féstəvəl] 페스터벌 — 명 축제
- [ ] **flat** [flæt] 플랫 — 형 납작한
- [ ] **float** [flout] 플로우트 — 동 떠오르다, 뜨다
- [ ] **gas** [gæs] 개스 — 명 가스, 기체
- [ ] **round** [raund] 롸운드 — 형 둥근

14 신선한 달걀 고르는 법 39쪽

- [ ] **bottom** [bátəm] 바텀 — 명 바닥
- [ ] **choose** [tʃu:z] 츄:우즈 — 동 고르다
- [ ] **fill** [fil] 피을 — 동 채우다
- [ ] **fresh** [freʃ] 프레쉬 — 형 신선한
- [ ] **middle** [mídl] 미들 — 명 한가운데, 중앙
- [ ] **rotten** [rátən] 롸튼 — 형 썩은
- [ ] **sink** [siŋk] 씽크 — 동 가라앉다
- [ ] **top** [tɑp] 탚 — 명 꼭대기; 표면

15 식당 음악에 숨겨진 비밀

- ☐ **calm** [kɑːm] 카:암 — 형 차분한
- ☐ **certain** [sə́ːrtən] 써:r튼 — 형 특정한
- ☐ **excited** [iksáitid] 익싸이티ㄷ — 형 신이 난
- ☐ **fatty** [fǽti] 패티 — 형 기름진
- ☐ **healthy** [hélθi] 헬씨 — 형 건강에 좋은
- ☐ **important** [impɔ́ːrtənt] 임포:r턴ㅌ — 형 중요한
- ☐ **junk food** — 정크 푸드 (패스트푸드 또는 인스턴트 식품)
- ☐ **loud** [laud] 라우ㄷ — 형 시끄러운
- ☐ **pick** [pik] 픽 — 동 고르다
- ☐ **restaurant** [réstərənt] 레스트뤈ㅌ — 명 식당
- ☐ **soft** [sɔːft] 쏘:프ㅌ — 형 부드러운
- ☐ **sugary** [ʃúgəri] 슈거리 — 형 설탕이 든

16   너의 비밀은 내가 지켜 줄게! 44쪽

☐ **keep a diary**		일기를 쓰다
diary [dáiəri] 다이어뤼	명	일기
☐ **key** [kiː] 키ː	명	열쇠
☐ **magic** [mǽdʒik] 매쥑	명 마법 형 마법의	
☐ **parent** [pɛ́ərənt] 페어런트	명	부모 (아버지나 어머니 한쪽)
☐ **password** [pǽswə̀ːrd] 패쓰워rㄷ	명	비밀번호
☐ **safe** [seif] 쎄이ㅍ	형	안전한
☐ **secret** [síːkrit] 씨ː크뤼트	명 비밀 형 비밀의	
☐ **use** [juːz] 유ːㅈ	동	사용하다

17   함께하는 것을 좋아하는 돌고래 45쪽

☐ **attack** [ətǽk] 어택	동	공격하다
☐ **chase** [tʃeis] 췌이ㅅ	동	뒤쫓다, 추적하다
☐ **chew** [tʃuː] 츄ː	동	씹다
☐ **each other**		서로
☐ **for fun**		재미로
☐ **hunt** [hʌnt] 헌트	동	사냥하다
☐ **swallow** [swálou] 스왈로우	동	삼키다
☐ **trick** [trik] 츄륔	명	재주; 장난

□ **believe** [bilíːv] 빌리:ㅂ　　동 믿다

□ **country** [kʌ́ntri] 컨츄리　　명 나라 (복수형 **countries**)

□ **different** [dífərənt] 디퍼런ㅌ　　형 다른

□ **get** [get] 겥　　동 얻다

□ **lose** [luːz] 루:ㅈ　　동 잃다

□ **luck** [lʌk] 럭　　명 운, 행운

□ **lucky** [lʌ́ki] 러키　　형 행운의, 운이 좋은

□ **mean** [miːn] 미:인　　동 의미하다

□ **pass by**　　지나가다

□ **street** [striːt] 스뜨뤼:ㅌ　　명 거리

□ **suddenly** [sʌ́dnli] 써든리　　부 갑자기

□ **unlucky** [ʌnlʌ́ki] 언러키　　형 불운한

19 배달도 농사도 문제없어요!　50쪽

- [ ] **alone** [əlóun] 얼로운　부 혼자서
- [ ] **deliver** [dilívər] 딜리버r　동 배달하다
- [ ] **fly** [flai] 플라이　동 날다
- [ ] **neighbor** [néibər] 네이버r　명 이웃
- [ ] **pilot** [páilət] 파일럿　명 조종사, 파일럿
- [ ] **town** [taun] 타운　명 마을
- [ ] **water** [wɔ́:tər] 워:러r　동 물을 주다　명 물
- [ ] **without** [wiðáut] 위다웉　전 ~ 없이

20 안 봐도 다 알지!　51쪽

- [ ] **back** [bæk] 백　명 뒷부분, 뒷면
- [ ] **blackboard** [blǽkbɔ̀:rd] 블랙보:rㄷ　명 칠판
- [ ] **face** [feis] 페이ㅆ　동 ~을 향하다　명 얼굴
- [ ] **head** [hed] 헤ㄷ　명 머리
- [ ] **look at**　~을 보다
- [ ] **note** [nout] 노우ㅌ　명 쪽지; 메모
- [ ] **pass** [pæs] 패ㅆ　동 건네주다
- [ ] **shout** [ʃaut] 샤우ㅌ　동 소리치다

☐ **artist** [ɑ́ːrtist] 아ː*r*티스ㅌ	명	화가; 예술가
☐ **be afraid of**		~을 두려워하다
afraid [əfréid] 어프뤠이ㄷ	형	두려워하는
☐ **bent** [bent] 벤ㅌ	형	구부러진
☐ **brave** [breiv] 브레이ㅂ	형	용감한
☐ **closed** [klóuzd] 클로우즈ㄷ	형	(눈이) 감긴
☐ **draw** [drɔː] 드로ː	동	(그림을) 그리다
☐ **finish** [fíniʃ] 피니쉬	동	끝내다
☐ **hide** [haid] 하이ㄷ	동	숨기다 (과거형 hid)
☐ **silent** [sáilənt] 싸일런ㅌ	형	침묵하는; 조용한
☐ **stay** [stei] 스떼이	동	계속 ~한 상태이다
☐ **weakness** [wíːknis] 위ː크니ㅆ	명	약점, 단점
☐ **wise** [waiz] 와이ㅈ	형	현명한

22 난 언젠가 날 거야!　56쪽

- [ ] **colorful** [kʌ́lərfəl] 컬러*r* 펄　　형 다채로운, 화려한
- [ ] **come true**　　실현되다, 이루어지다
  - **true** [tru:] 츄루:　　형 정말의, 진짜의
- [ ] **crawl** [krɔ:l] 크로:을　　동 기어가다
- [ ] **dream** [dri:m] 쥬뤼:ㅁ　　명 꿈　동 꿈꾸다
- [ ] **hair** [hɛər] 헤어*r*　　명 (동물의) 털; 머리카락
- [ ] **hope** [houp] 호우ㅍ　　동 희망하다
- [ ] **leg** [leg] 렉　　명 다리
- [ ] **wing** [wiŋ] 윙　　명 날개

23 화장하는 아이들　57쪽

- [ ] **exercise** [éksərsàiz] 엑써*r* 싸이ㅈ　　동 운동하다
- [ ] **good point**　　장점
- [ ] **makeup** [méikʌ̀p] 메이컾　　명 화장
- [ ] **show off**　　~을 자랑하다
- [ ] **skin** [skin] 스낀　　명 피부
- [ ] **teenager** [tí:nèidʒər] 티:네이줘*r*　　명 십 대, 청소년
- [ ] **weak point**　　약점
  - **weak** [wi:k] 위:ㅋ　　형 약한
- [ ] **wear** [wɛər] 웨어*r*　　동 (화장을) 하다; (옷을) 입다

24 우리가 몰랐던 스타에 관한 진실

- **actor** [ǽktər] 액터*r* 　명 배우
- **enough** [inʌ́f] 이너ㅍ 　형 충분한
- **famous** [féiməs] 페이머ㅆ 　형 유명한
- **hard work** 　힘든 일
- **job** [dʒɑb] 좌ㅂ 　명 직업
- **make money** 　돈을 벌다
- **sadly** [sǽdli] 쌔들리 　부 슬프게도
- **star** [stɑːr] 스타ː*r* 　명 유명인, 스타
- **succeed** [səksíːd] 썩씨ːㄷ 　동 성공하다
- **talent** [tǽlənt] 탤런ㅌ 　명 재능
- **truth** [truːθ] 츄루ːㅆ 　명 진실
- **work** [wəːrk] 워ː*r*ㅋ 　명 일 　동 노력하다

25 난 항상 영화와 단짝이지!

62쪽

- ☐ **cinema** [sínəmə] 씨너머 — 몡 영화관
- ☐ **cook** [kuk] 쿡 — 동 요리하다
- ☐ **flavor** [fléivər] 플레이버r — 몡 맛
- ☐ **pop** [pɑp] 팦 — 동 펑하고 터지다
- ☐ **salty** [sɔ́ːlti] 쏠:티 — 혱 짭짤한
- ☐ **share** [ʃɛər] 쉐어r — 동 나눠 먹다; 같이 쓰다
- ☐ **snack** [snæk] 스낵 — 몡 간식
- ☐ **yummy** [jʌ́mi] 여미 — 혱 맛있는

26 펭귄도 사람처럼 이것이 필요해요

63쪽

- ☐ **delicious** [dilíʃəs] 딜리셔ㅆ — 혱 맛있는
- ☐ **find** [faind] 파인ㄷ — 동 찾다
- ☐ **glasses** [glæsiz] 글래씨ㅈ — 몡 안경
- ☐ **help** [help] 헬ㅍ — 동 돕다
- ☐ **meal** [miːl] 미을 — 몡 식사
- ☐ **old** [ould] 오울ㄷ — 혱 나이 든
- ☐ **pool** [puːl] 푸:울 — 몡 수영장; 웅덩이
- ☐ **wear** [wɛər] 웨어r — 동 (안경을) 착용하다; (옷을) 입다

27 Samson의 후회

☐ **be scared of**	~을 두려워하다
scared [skɛərd] 스께어r ㄷ	형 무서워하는, 겁먹은
☐ **cry** [krai] 크롸이	동 울다 (과거형 cried)
☐ **cut** [kʌt] 컽	동 자르다 (과거형 cut)
☐ **enemy** [énəmi] 에너미	명 적, 적군
☐ **fight** [fait] 파이ㅌ	동 싸우다
☐ **mistake** [mistéik] 미스떼이ㅋ	명 실수
☐ **once** [wʌns] 원ㅆ	부 옛날에
☐ **plan** [plæn] 플랜	명 계획
☐ **power** [páuər] 파우워r	명 힘
☐ **realize** [ríːəlàiz] 뤼ː얼라이ㅈ	동 깨닫다
☐ **wake up**	깨어나다 (과거형 woke up)
wake [weik] 웨이ㅋ	동 잠에서 깨다, 깨우다
☐ **weak** [wiːk] 위ːㅋ	형 약한

28 나는 재주가 많은 동물이에요!　　　68쪽

- **action** [ǽkʃən] 액션　　명 행동
- **climb** [klaim] 클라임　　동 오르다, 기어오르다
- **copy** [kápi] 카피　　동 따라 하다, 모방하다
- **fur** [fəːr] 퍼ː*r*　　명 (동물의) 털
- **grab** [græb] 그랩　　동 붙잡다
- **hobby** [hábi] 하비　　명 취미
- **human** [hjúːmən] 휴ː먼　　명 인간　형 인간의
- **jump** [dʒʌmp] 점ㅍ　　동 뛰어오르다

29 기억력을 높이는 방법　　　69쪽

- **forget** [fərgét] 퍼*r*겥　　동 잊다
- **hard** [haːrd] 하ː*r*드　　형 어려운
- **hour** [áuər] 아우워　　명 시간, 한 시간
- **information** [ìnfərméiʃən] 인퍼*r*메이션　　명 정보
- **method** [méθəd] 메써ㄷ　　명 방법
- **remember** [rimémbər] 뤼멤버*r*　　동 기억하다
- **review** [rivjúː] 리뷰ː　　동 복습하다
- **take a break**　　휴식을 취하다
- **break** [bréik] 브뤠이ㅋ　　명 휴식　동 깨다, 중단하다

☐ **busy** [bízi] 비지	형	바쁜
☐ **challenge** [tʃǽləndʒ] 챌런쥐	명	도전
☐ **favorite** [féivərit] 페이버맅	형	가장 좋아하는
☐ **guess** [ges] 게쓰	동	추측하다
☐ **lip** [lip] 맆	명	입술
☐ **move** [muːv] 무ː브	동	움직이다
☐ **popular** [pápjələr] 파퓰러*r*	형	인기 있는
☐ **pretend** [priténd] 프뤼텐ㄷ	동	～인 체하다
☐ **real** [ríːəl] 뤼ː얼	형	실제의, 진짜의
☐ **run out**		(시간이) 다 되다
☐ **strange** [streindʒ] 스뜨뤠인쥐	형	이상한
☐ **winner** [wínər] 위너*r*	명	우승자

31 나는 달콤하지만 녹기 쉬워! 74쪽

- ☐ **cone** [koun] 코운 — 명 (아이스크림) 콘
- ☐ **delicious** [dilíʃəs] 딜리셔ㅆ — 형 맛있는
- ☐ **leave** [liːv] 리ː브 — 동 (~한 상태로) 두다; 떠나다
- ☐ **lick** [lik] 릭 — 동 핥다
- ☐ **melt** [melt] 멜ㅌ — 동 녹다
- ☐ **serve** [səːrv] 써ːrㅂ — 동 (음식을) 제공하다
- ☐ **soft** [sɔːft] 쏘ː프ㅌ — 형 부드러운
- ☐ **various** [vέəriəs] 붸어뤼어ㅆ — 형 다양한

32 친구에게 보내는 메시지 75쪽

- ☐ **birthday** [bə́ːrθdèi] 버ːr쓰데이 — 명 생일
- ☐ **free** [friː] 프뤼ː — 형 한가한; 무료의
- ☐ **hobby** [hábi] 하비 — 명 취미
- ☐ **join** [dʒɔin] 줘인 — 동 함께 하다
- ☐ **ride** [raid] 롸이ㄷ — 동 타다
- ☐ **same** [seim] 쎄임 — 형 똑같은
- ☐ **Saturday** [sǽtərdèi] 쌔러r데이 — 명 토요일
- ☐ **share** [ʃεər] 쉐어r — 동 공유하다

☐ **add** [æd] 애ㄷ 　　동 덧붙여 말하다

☐ **answer** [ǽnsər] 앤써r 　　동 대답하다

☐ **drive** [draiv] 쥬라이ㅂ 　　동 운전하다 (과거형 **drove**)

☐ **help** [help] 헬ㅍ 　　명 도움

☐ **keep -ing** 　　계속 ～하다

　keep [ki:p] 키:ㅍ 　　동 유지하다

☐ **look back** 　　돌아보다

☐ **loser** [lúːzər] 루:저r 　　명 (경기의) 패자

☐ **movie theater** 　　영화관

　theater [θíətər] 씨어러r 　　명 극장

☐ **race** [reis] 뤠이ㅆ 　　동 경주하다

☐ **run after** 　　～을 뒤쫓다

☐ **slow down** 　　속도를 늦추다

　slow [slou] 슬로우 　　동 느리게 하다　형 (속도가) 느린, 더딘

☐ **wash the dishes** 　　설거지하다

　dish [diʃ] 디쉬 　　명 그릇; 요리

34 나는 순식간에 나타났다가 사라져요!   80쪽

- ☐ **bridge** [bridʒ] 브리쮜 — 명 다리
- ☐ **disappear** [dìsəpíər] 디써피어r — 동 사라지다
- ☐ **last** [læst] 래스ᴛ — 동 지속되다
- ☐ **light** [lait] 라이ᴛ — 명 빛
- ☐ **shine** [ʃain] 샤인 — 동 빛나다
- ☐ **show up** — 동 나타나다
- ☐ **spread** [spred] 스쁘뤠드 — 동 퍼지다
- ☐ **tiny** [táini] 타이니 — 형 아주 작은

35 똑똑한 냉장고   81쪽

- ☐ **diet** [dáiət] 다이어ᴛ — 명 식이 요법, 다이어트
- ☐ **fat** [fæt] 팯 — 형 뚱뚱한
- ☐ **glad** [glæd] 글래ᴅ — 형 기쁜
- ☐ **healthy** [hélθi] 헬씨 — 형 건강한
- ☐ **less** [les] 레ㅆ — 부 더 적게 (원급 little)
- ☐ **refrigerator** [rifrídʒərèitər] 리프뤼줘뤠이터r — 명 냉장고
- ☐ **smart** [smɑːrt] 스마ːrᴛ — 형 똑똑한
- ☐ **worried** [wə́ːrid] 워ː뤼ᴅ — 형 걱정하는

☐ **avoid** [əvɔ́id] 어보이ㄷ	동	피하다
☐ **break** [breik] 브뤠이ㅋ	명 휴식　동	깨지다
☐ **energy** [énərdʒi] 에너r쥐	명	활력, 에너지
☐ **focus** [fóukəs] 포우커ㅆ	동	집중하다
☐ **get tired**		피곤해지다
tired [taiərd] 타이어r ㄷ	형	피곤한
☐ **math** [mæθ] 매ㅆ	명	수학
☐ **set** [set] 쎝	동	(타이머 등을) 맞추다
☐ **simple** [símpəl] 씸플	형	간단한
☐ **solve** [sɑlv] 쌀ㅂ	동	풀다
☐ **subject** [sʌ́bdʒikt] 써브직ㅌ	명	과목
☐ **task** [tæsk] 태스ㅋ	명	과제
☐ **tip** [tip] 팊	명	조언

MEMO

MEMO

450~600

**Lexile 지수,
모든 지문에 적용**

Reader's Bank Level 1/2의 모든 지문에는 Lexile 지수를 표시하였습니다.
대부분의 지문들이 450~600 Lexile 지수 범위안에 들도록 지문들 간의
난이도 편차를 최소로 줄였습니다. 그래서 단계가 넘어갈 때도 큰 어려움
없이 학습을 이어갈 수 있습니다.

65~100

**단어로 구성된
지문**

Reader's Bank Level 1/2로 평균 65단어로 구성된 단문
독해와 평균 100단어로 구성된 장문 독해를 모두 학습할 수
있습니다. 단문 독해를 통해 짧은 글을 빠르게 읽고 이해하는
능력을 키울 수 있고, 장문 독해를 통해 글 전체의 구조와 문맥을
이해하는 능력을 기를 수 있습니다.

48

**개
내신 필수 문법**

학교 시험에서 문법 문항은 상당히 많은 비중을 차지하고 있습니다. 그러나
문법의 이론과 문제만을 모아서 학습하는 것은 매우 힘들고 지루할 수
있습니다. Reader's Bank Level 1/2에서는 학생들이 꼭 알아야 할 내신 필수
문법만을 골라 지문에 적용하여 재미있게 공부할 수 있도록 구성하였습니다.

How to Study

Preview

1. Unit별 주요 문법과 예문 확인
2. 지문별 핵심 어휘 확인 및 학습
3. QR코드로 지문별 핵심 어휘 듣기

Reading

1. 렉사일 지수로 난이도를 측정하여 지문간의 편차를 최소화
2. 내신 및 수능 유형을 연습할 수 있는 다양한 객관식, 서술형 문제
3. 핵심 어휘 뜻과 주요 문법 해설
4. 지문별 주제, 단어수와 난이도 확인, QR코드로 지문 듣기

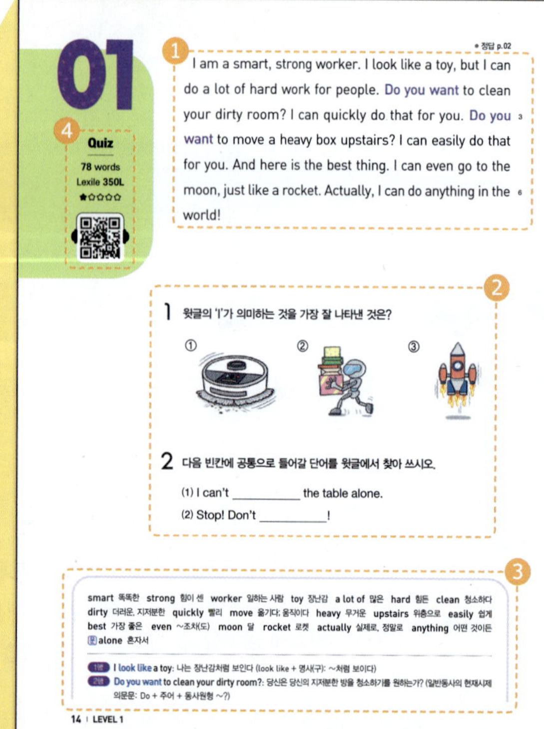

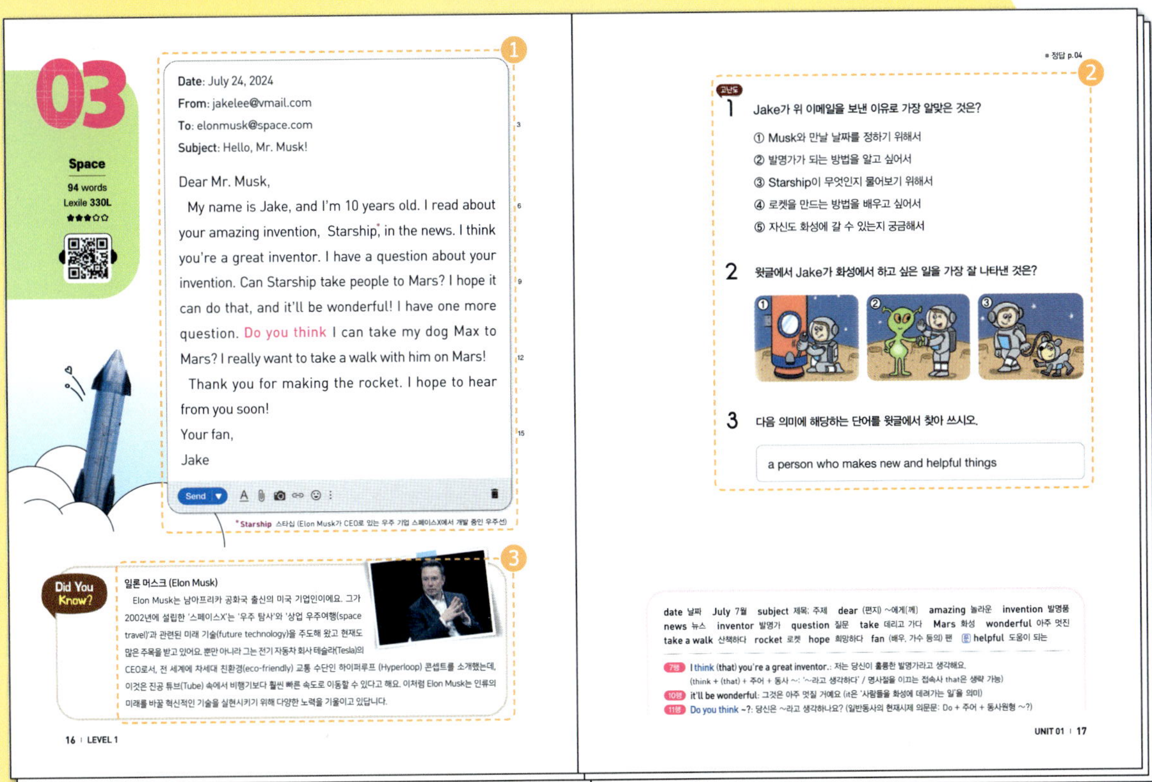

03

Space

94 words
Lexile 330L
★★★☆☆

Date: July 24, 2024
From: jakelee@vmail.com
To: elonmusk@space.com
Subject: Hello, Mr. Musk!

Dear Mr. Musk,

My name is Jake, and I'm 10 years old. I read about your amazing invention, Starship*, in the news. I think you're a great inventor. I have a question about your invention. Can Starship take people to Mars? I hope it can do that, and it'll be wonderful! I have one more question. Do you think I can take my dog Max to Mars? I really want to take a walk with him on Mars!

Thank you for making the rocket. I hope to hear from you soon!

Your fan,

Jake

Send ▼

*Starship 스타십 (Elon Musk가 CEO로 있는 우주 기업 스페이스X에서 개발 중인 우주선)

Did You Know?

일론 머스크 (Elon Musk)

Elon Musk는 남아프리카 공화국 출신의 미국 기업인이에요. 그가 2002년에 설립한 '스페이스X'는 '우주 탐사'와 '상업 우주여행(space travel)'과 관련된 미래 기술(future technology)을 주도해 왔고 현재도 많은 주목을 받고 있어요. 뿐만 아니라 그는 전기 자동차 회사 테슬라(Tesla)의 CEO로서, 전 세계에 차세대 친환경(eco-friendly) 교통 수단인 하이퍼루프 (Hyperloop) 콘셉트를 소개했는데, 이것은 진공 튜브(Tube) 속에서 비행기보다 훨씬 빠른 속도로 이동할 수 있다고 해요. 이처럼 Elon Musk는 인류의 미래를 바꿀 혁신적인 기술을 실현시키기 위해 다양한 노력을 기울이고 있답니다.

* 정답 p.04

1 Jake가 위 이메일을 보낸 이유로 가장 알맞은 것은?

① Musk와 만날 날짜를 정하기 위해서
② 발명가가 되는 방법을 알고 싶어서
③ Starship이 무엇인지 물어보기 위해서
④ 로켓을 만드는 방법을 배우고 싶어서
⑤ 자신도 화성에 갈 수 있는지 궁금해서

2 윗글에서 Jake가 화성에서 하고 싶은 일을 가장 잘 나타낸 것은?

3 다음 의미에 해당하는 단어를 윗글에서 찾아 쓰시오.

a person who makes new and helpful things

date 날짜   July 7월   subject 제목; 주제   dear (편지) ~에게[께]   amazing 놀라운   invention 발명품
news 뉴스   inventor 발명가   question 질문   take 데리고 가다   Mars 화성   wonderful 아주 멋진
take a walk 산책하다   rocket 로켓   hope 희망하다   fan (배우, 가수 등의) 팬   helpful 도움이 되는

7행 I think (that) you're a great inventor.: 저는 당신이 훌륭한 발명가라고 생각해요.
(think + (that) + 주어 + 동사 ~: '~라고 생각하다' / 명사절을 이끄는 접속사 that은 생략 가능)
10행 it'll be wonderful: 그것은 아주 멋질 거예요 (은은 '사람들을 화성에 데려가는' 일을 의미)
11행 Do you think ~?: 당신은 ~라고 생각하나요? (일반동사의 현재시제 의문문: Do + 주어 + 동사원형 ~?)

UNIT 01 | 17

16 | LEVEL 1

Reading

① 다양한 분야의 흥미로운 주제로 구성된 장문 독해 지문

② 내용, 어휘 등을 효과적으로 학습할 수 있는 다양한 문제 유형

③ 독해를 하는 데 도움이 되는 흥미로운 배경지식 코너

Grammar

① Unit별 주요 문법 및 예문 학습

② 주요 문법 확인 문제

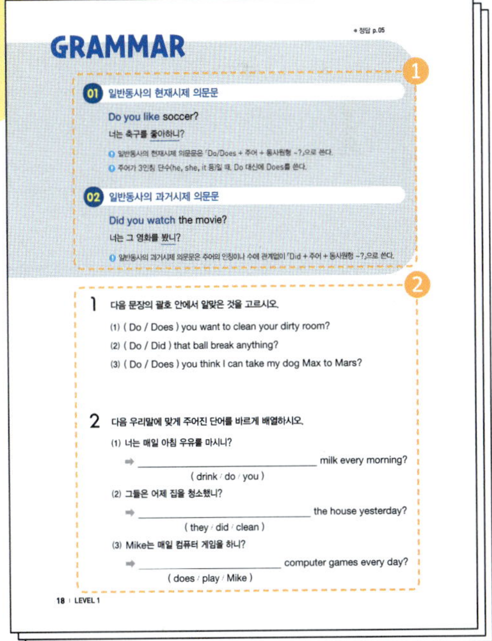

GRAMMAR

* 정답 p.05

01 일반동사의 현재시제 의문문

Do you like soccer?
너는 축구를 좋아하니?

ⓐ 일반동사의 현재시제 의문문은 'Do/Does + 주어 + 동사원형 ~?」으로 쓴다.
ⓑ 주어가 3인칭 단수(he, she, it 등)일 때, Do 대신에 Does를 쓴다.

02 일반동사의 과거시제 의문문

Did you watch the movie?
너는 그 영화를 봤니?

ⓐ 일반동사의 과거시제 의문문은 주어의 인칭이나 수에 관계없이 'Did + 주어 + 동사원형 ~?」으로 쓴다.

1 다음 문장의 괄호 안에서 알맞은 것을 고르시오.

(1) (Do / Does) you want to clean your dirty room?

(2) (Do / Did) that ball break anything?

(3) (Do / Does) you think I can take my dog Max to Mars?

2 다음 우리말에 맞게 주어진 단어를 바르게 배열하시오.

(1) 너는 매일 아침 우유를 마시니?
➡ ____________________ milk every morning?
(drink / do / you)

(2) 그들은 어제 집을 청소했니?
➡ ____________________ the house yesterday?
(they / did / clean)

(3) Mike는 매일 컴퓨터 게임을 하니?
➡ ____________________ computer games every day?
(does / play / Mike)

18 | LEVEL 1

How to Study

정답 및 해설 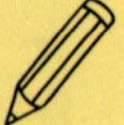

1 문제 정답 및 상세한 문제 해설
2 지문 직독 직해
3 내신 관련 주요 문법 및 구문 설명
4 본문 해석

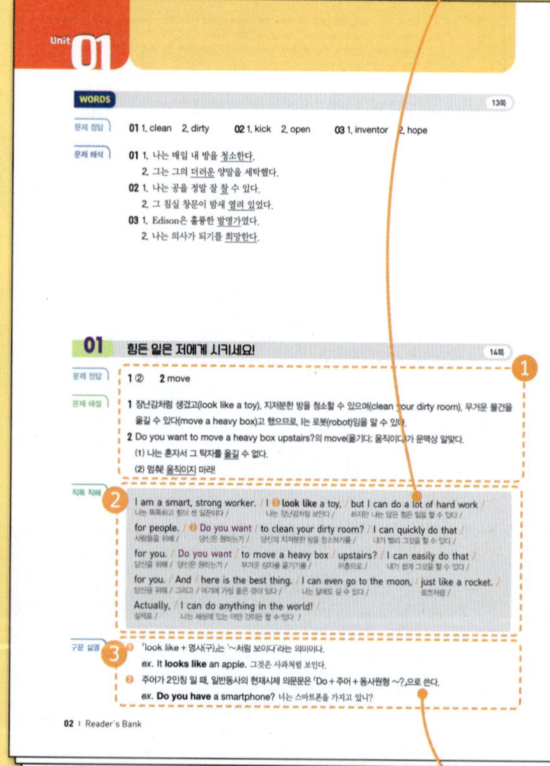

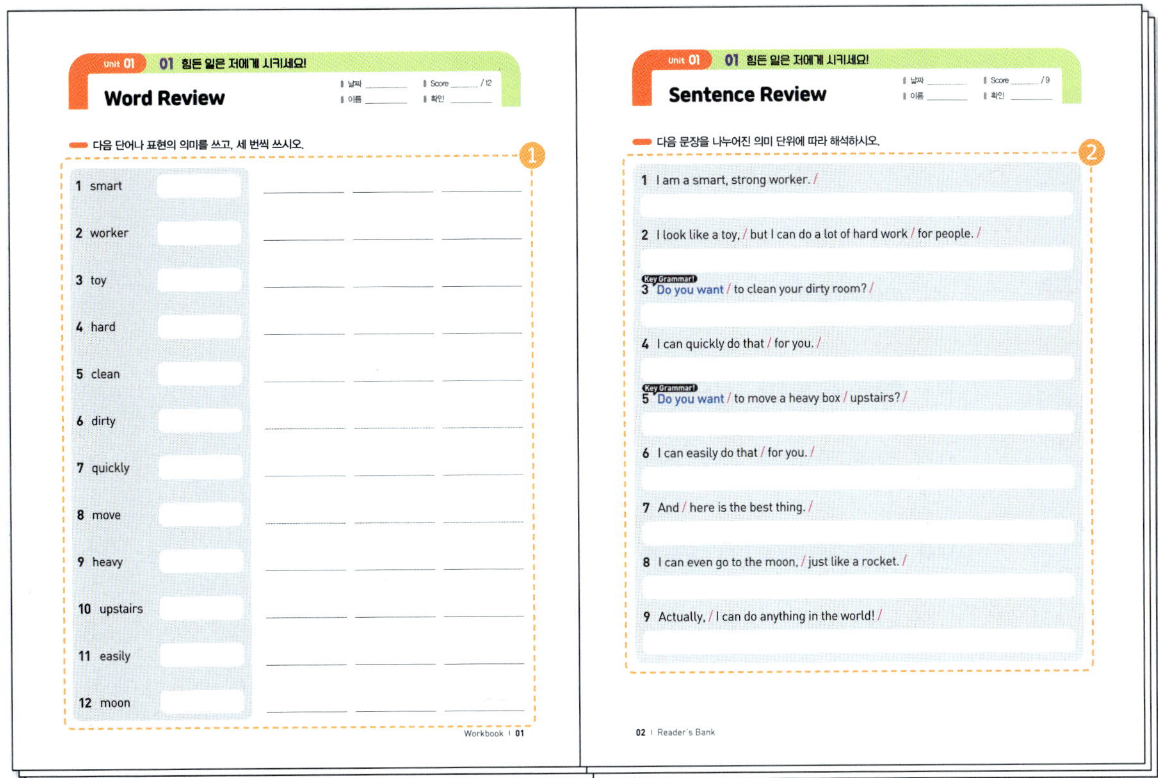

Workbook

1 주요 어휘 연습 (뜻 쓰기, 단어 쓰기)
2 지문 분석과 해석 연습
   *주요 문법 복습

단어장

지문별 핵심 어휘 학습 (발음 기호, 품사, 뜻)
*한글식 발음 표기

Contents

Contents

Grammar in Level 1·2

Unit	Level 1	Level 2
01	• 일반동사의 현재시제 의문문 • 일반동사의 과거시제 의문문	• -thing으로 끝나는 대명사 • -thing + 형용사
02	• 미래 조동사 will • will의 부정문	• 부사처럼 쓰이는 to부정사 (목적) • 부사처럼 쓰이는 to부정사 (감정의 원인)
03	• 감각동사의 종류 • 감각동사 + 형용사	• 명사를 수식하는 to부정사 • 명사를 수식하는 to부정사의 위치
04	• 날씨를 나타내는 it • There is/are ~	• 이유를 나타내는 접속사 because • 조건을 나타내는 접속사 if
05	• 명령문 • 부정 명령문	• 형용사의 원급 • 형용사의 비교급
06	• 의무의 조동사 must, should • 추측의 조동사 may	• 수여동사 • 수여동사 문장의 전환
07	• 현재진행형 • 과거진행형	• make + 목적어 + 형용사 • keep + 목적어 + 형용사
08	• 명사절 접속사 that • 명사절 접속사 that의 생략	• 사역동사 make • 동사 help
09	• 목적어로 쓰이는 to부정사 • 보어로 쓰이는 to부정사	• ask + 목적어 + to부정사 • want + 목적어 + to부정사
10	• 동명사의 형태와 의미 • 주어로 쓰이는 동명사	• 지각동사의 의미 • 지각동사 + 목적어 + 동사원형
11	• 목적어로 쓰이는 동명사 • 동명사를 목적어로 쓰는 동사	• 간접의문문 • 의문사가 주어인 간접의문문
12	• 시간을 나타내는 접속사 before • 시간을 나타내는 접속사 after	• 시간을 나타내는 접속사 until • 시간을 나타내는 접속사 while

Unit 01

GRAMMAR

- 일반동사의 현재시제 의문문 ▶ **Do you like** soccer?
- 일반동사의 과거시제 의문문 ▶ **Did you watch** the movie?

WORDS

● 정답 p.02

Quiz
01 힘든 일은 저에게 시키세요!

- ☐ **smart** 똑똑한
- ☐ **dirty** 더러운, 지저분한
- ☐ **clean** 청소하다
- ☐ **move** 옮기다; 움직이다
- ☐ **heavy** 무거운
- ☐ **worker** 일하는 사람

1. I ____________ my room every day.
2. He washed his ____________ socks.

Tales
02 눈치 빠른 소년

- ☐ **break** 깨다
- ☐ **open** 열려 있는
- ☐ **hard** 세게, 강하게
- ☐ **backyard** 뒤뜰
- ☐ **kick** (발로) 차다
- ☐ **calmly** 침착하게

1. I can ____________ a ball really well.
2. The bedroom window was ____________ all night.

Space
03 화성으로 여행 가요!

- ☐ **question** 질문
- ☐ **wonderful** 아주 멋진
- ☐ **inventor** 발명가
- ☐ **amazing** 놀라운
- ☐ **subject** 제목; 주제
- ☐ **take** 데리고 가다
- ☐ **invention** 발명품
- ☐ **hope** 희망하다
- ☐ **rocket** 로켓

1. Edison was a great ____________.
2. I ____________ to become a doctor.

01

● 정답 p.02

Quiz

78 words
Lexile **350L**
★☆☆☆☆

I am a smart, strong worker. I look like a toy, but I can do a lot of hard work for people. **Do you want** to clean your dirty room? I can quickly do that for you. **Do you want** to move a heavy box upstairs? I can easily do that for you. And here is the best thing. I can even go to the moon, just like a rocket. Actually, I can do anything in the world!

1 윗글의 'I'가 의미하는 것을 가장 잘 나타낸 것은?

①  ②  ③ 

2 다음 빈칸에 공통으로 들어갈 단어를 윗글에서 찾아 쓰시오.

(1) I can't ____________ the table alone.

(2) Stop! Don't ____________!

---

smart 똑똑한 strong 힘이 센 worker 일하는 사람 toy 장난감 a lot of 많은 hard 힘든 clean 청소하다
dirty 더러운, 지저분한 quickly 빨리 move 옮기다; 움직이다 heavy 무거운 upstairs 위층으로 easily 쉽게
best 가장 좋은 even ~조차(도) moon 달 rocket 로켓 actually 실제로, 정말로 anything 어떤 것이든
문 alone 혼자서

1행 **I look like a toy**: 나는 장난감처럼 보인다 (look like + 명사(구): ~처럼 보이다)
2행 **Do you want to clean your dirty room?**: 당신은 당신의 지저분한 방을 청소하기를 원하는가? (일반동사의 현재시제 의문문: Do + 주어 + 동사원형 ~?)

02

Tales

70 words
Lexile **390L**
★★☆☆☆

Two boys were playing with a ball in the backyard. One boy kicked the ball hard, and it flew into an open window in the house next door. Soon, a man came out of the ³ house with the ball.

He asked the boys, "Is this your ball?"

One boy asked, "Did that ball break anything?" ⁶

"No," said the man calmly.

"Then, yes, it's mine," said the boy with a smile.

---

1 윗글에서 소년이 밑줄 친 부분과 같이 말한 이유로 가장 알맞은 것은?

① 누구의 공인지 알고 싶어서

② 깨뜨린 물건을 보상하기 위해서

③ 혼나지 않을 거라는 확신이 생겨서

④ 잘못에 대해 사과하기 위해서

⑤ 자신이 그 공을 가지고 싶어서

2 다음 의미에 해당하는 단어를 윗글에서 찾아 쓰시오. (단, 동사원형으로 쓸 것)

> to hit something with the foot

---

backyard 뒤뜰　**kick** (발로) 차다　**hard** 세게, 강하게　**fly** 날다, 날아가다(과거형 flew)　**into** ~ 안으로
open 열려 있는　**next door** 옆집에　**soon** 곧　**come** 오다(과거형 came)　**out of** ~ 밖으로　**ask** 물어보다
break 깨다　**calmly** 침착하게　**then** 그렇다면　**mine** 나의 것　**with a smile** 웃으며　문 **hit** 치다

- - -

1행 **Two boys were playing ~.**: 두 소년들이 ~ 놀고 있었다. (was/were + 동사원형-ing: ~하고 있었다 / 과거진행형)
6행 **Did that ball break anything?**: 그 공이 무언가를 깼나요? (일반동사의 과거시제 의문문: Did + 주어 + 동사원형 ~?)

Space

94 words
Lexile 330L
★★★☆☆

Date: July 24, 2024
From: jakelee@vmail.com
To: elonmusk@space.com
Subject: Hello, Mr. Musk!

Dear Mr. Musk,

My name is Jake, and I'm 10 years old. I read about your amazing invention, Starship,* in the news. I think you're a great inventor. I have a question about your invention. Can Starship take people to Mars? I hope it can do that, and it'll be wonderful! I have one more question. **Do you think** I can take my dog Max to Mars? I really want to take a walk with him on Mars!

Thank you for making the rocket. I hope to hear from you soon!

Your fan,

Jake

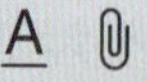 

Send ▼ A 📎 📷 🔗 ☺ ⋮

* **Starship** 스타십 (Elon Musk가 CEO로 있는 우주 기업 스페이스X에서 개발 중인 우주선)

Did You Know?

일론 머스크 (Elon Musk)

Elon Musk는 남아프리카 공화국 출신의 미국 기업인이에요. 그가 2002년에 설립한 '스페이스X'는 '우주 탐사'와 '상업 우주여행(space travel)'과 관련된 미래 기술(future technology)을 주도해 왔고 현재도 많은 주목을 받고 있어요. 뿐만 아니라 그는 전기 자동차 회사 테슬라(Tesla)의 CEO로서, 전 세계에 차세대 친환경(eco-friendly) 교통 수단인 하이퍼루프 (Hyperloop) 콘셉트를 소개했는데, 이것은 진공 튜브(Tube) 속에서 비행기보다 훨씬 빠른 속도로 이동할 수 있다고 해요. 이처럼 Elon Musk는 인류의 미래를 바꿀 혁신적인 기술을 실현시키기 위해 다양한 노력을 기울이고 있답니다.

1 Jake가 위 이메일을 보낸 이유로 가장 알맞은 것은?

① Musk와 만날 날짜를 정하기 위해서

② 발명가가 되는 방법을 알고 싶어서

③ Starship이 무엇인지 물어보기 위해서

④ 로켓을 만드는 방법을 배우고 싶어서

⑤ 자신도 화성에 갈 수 있는지 궁금해서

2 윗글에서 Jake가 화성에서 하고 싶은 일을 가장 잘 나타낸 것은?

3 다음 의미에 해당하는 단어를 윗글에서 찾아 쓰시오.

> a person who makes new and helpful things

---

date 날짜   July 7월   subject 제목; 주제   dear (편지) ~에게[께]   amazing 놀라운   invention 발명품
news 뉴스   inventor 발명가   question 질문   take 데리고 가다   Mars 화성   wonderful 아주 멋진
take a walk 산책하다   rocket 로켓   hope 희망하다   fan (배우, 가수 등의) 팬   문 helpful 도움이 되는

- **7행** I think (that) you're a great inventor.: 저는 당신이 훌륭한 발명가라고 생각해요.
  (think + (that) + 주어 + 동사 ~: '~라고 생각하다' / 명사절을 이끄는 접속사 that은 생략 가능)
- **10행** it'll be wonderful: 그것은 아주 멋질 거예요 (it은 '사람들을 화성에 데려가는 일'을 의미)
- **11행** Do you think ~?: 당신은 ~라고 생각하나요? (일반동사의 현재시제 의문문: Do + 주어 + 동사원형 ~?)

GRAMMAR

01 일반동사의 현재시제 의문문

Do you like soccer?

너는 축구를 좋아하니?

❶ 일반동사의 현재시제 의문문은 「Do/Does + 주어 + 동사원형 ~?」으로 쓴다.

❶ 주어가 3인칭 단수(he, she, it 등)일 때, Do 대신에 Does를 쓴다.

02 일반동사의 과거시제 의문문

Did you watch the movie?

너는 그 영화를 봤니?

❶ 일반동사의 과거시제 의문문은 주어의 인칭이나 수에 관계없이 「Did + 주어 + 동사원형 ~?」으로 쓴다.

1 다음 문장의 괄호 안에서 알맞은 것을 고르시오.

(1) (Do / Does) you want to clean your dirty room?

(2) (Do / Did) that ball break anything?

(3) (Do / Does) you think I can take my dog Max to Mars?

2 다음 우리말에 맞게 주어진 단어를 바르게 배열하시오.

(1) 너는 매일 아침 우유를 마시니?

➡ ______________________________ milk every morning?
(drink / do / you)

(2) 그들은 어제 집을 청소했니?

➡ ______________________________ the house yesterday?
(they / did / clean)

(3) Mike는 매일 컴퓨터 게임을 하니?

➡ ______________________________ computer games every day?
(does / play / Mike)

Unit 02

단어 듣기 MP3

GRAMMAR

- 미래 조동사 will ▶ I **will** become a pianist.
- will의 부정문 ▶ I **will not** go to the party.

WORDS

● 정답 p.06

Quiz
04 나는 물고기가 아니에요!

- ☐ **die** 죽다
- ☐ **ocean** 바다, 대양
- ☐ **flow** 흐르다
- ☐ **light** 가벼운
- ☐ **use** 사용하다
- ☐ **material** 재료, 물질

1. A balloon is ___________.
2. Most rivers ___________ to the sea.

Animals
05 젖소와 우유

- ☐ **farm** 농장
- ☐ **raise** 기르다
- ☐ **nice** 친절한, 다정한
- ☐ **idea** 생각, 아이디어
- ☐ **delighted** 매우 기쁜
- ☐ **happen** 발생하다, 일어나다

1. Anna is ___________ to everyone.
2. The farmers here ___________ many chickens.

Education
06 미래에는 어떻게 공부할까?

- ☐ **put** 넣다
- ☐ **skill** 기술
- ☐ **job** 일; 직업
- ☐ **brain** 뇌, 두뇌
- ☐ **tiny** 아주 작은
- ☐ **dream** 꿈꾸다
- ☐ **future** 미래
- ☐ **imagine** 상상하다
- ☐ **download** 다운로드하다

1. Ants are ___________ insects.
2. I ___________ music from the internet.

Quiz

75 words
Lexile **520L**
★★☆☆☆

I am a light and strong material. People make cups, bottles, and boxes from me. However, people throw me away after they use me. Then I flow into rivers and oceans. There, I look like food, so some fish eat me. This makes them sick. In fact, millions of fish die because of me. Poor fish! If you keep throwing me away, I **will** make all rivers and oceans __________. No fish **will** live there.

1 윗글의 'I'가 의미하는 것을 가장 잘 나타낸 것은?

①  ②  ③ 

2 윗글의 빈칸에 들어갈 말로 가장 알맞은 것은?

① hot   ② safe   ③ dirty

④ deep   ⑤ fresh

---

light 가벼운 **strong** 튼튼한 **material** 재료, 물질 **bottle** 병 **however** 하지만 **throw ~ away** ~을 버리다
use 사용하다 **flow** 흐르다 **river** 강 **ocean** 바다, 대양 **in fact** 사실은 **millions of** 수백만의 **die** 죽다
because of ~ 때문에 **poor** 불쌍한 **keep -ing** 계속 ~하다 📘 **hot** 뜨거운 **safe** 안전한 **dirty** 더러운
deep 깊은 **fresh** 신선한

4행 **This makes them sick.**: 이것은 그것들을 아프게 만든다. (make + 목적어 + 형용사: ~을 …하게 만들다)
7행 **No fish will live there.**: 어떤 물고기도 그곳에서 살지 않을 것이다. (will + 동사원형: ~할 것이다 / 미래시제)

Animals

68 words
Lexile **530L**
★★★☆☆

Helen raised some cows on a farm. She loved them very much. One day, she had an interesting idea. She thought, "I will sing for my cows. What will happen?" 3 Helen began to sing to the cows every day. Soon, something wonderful happened. The cows started to give more milk! Helen was delighted and said, "I'm nice to my cows, and now the cows are nice to me!"

1 윗글의 내용을 가장 잘 나타낸 속담은?

① 백지장도 맞들면 낫다.　　② 티끌 모아 태산이다.

③ 소 잃고 외양간 고친다.　　④ 겉 다르고 속 다르다.

⑤ 베푼 만큼 돌아온다.

2 윗글의 내용과 일치하면 T, 일치하지 <u>않으면</u> F에 체크하시오.

	T	F
(1) Helen은 매일 젖소들에게 노래를 불러 주었다.	___	___
(2) 젖소들이 이전보다 더 건강해졌다.	___	___

---

raise 기르다　**cow** 소, 젖소　**farm** 농장　**have** 가지다(과거형 had)　**interesting** 흥미로운　**idea** 생각, 아이디어
think 생각하다(과거형 thought)　**begin** 시작하다(과거형 began)　**every day** 매일　**wonderful** 아주 멋진
happen 발생하다, 일어나다　**delighted** 매우 기쁜　**say** 말하다(과거형 said)　**nice** 친절한, 다정한

3행 I will sing for my cows.: 나는 내 젖소들을 위해 노래를 부를 것이다. (will + 동사원형: ~할 것이다 / 미래시제)
4행 Soon, something wonderful happened.: 곧, 아주 멋진 일이 일어났다. (something은 형용사가 뒤에서 수식함.)

06

Education

118 words
Lexile **400L**
★★★★☆

In the future, you **will** live in an amazing world. You **won't** go to school. And you **won't** learn from school teachers. But you **will** learn things quickly. How can you do that? In the future, you can put a tiny computer in your brain. The computer **will** do a great job. It can download new skills quickly. Do you want to learn the piano? You can download piano skills. Then you **will** be a pianist right away. Do you want to cook well? You can download cooking skills and become a _________. Or do you dream of flying a plane? Then download flying skills and become a _________. Just imagine that. Your future **will** truly be fantastic!

Did You Know?

미래 수업의 모습

디지털 기술(digital technology)과 AI(Artificial Intelligence)의 눈부신 발전으로 여러분은 영화에서 봤던 가상현실(VR(=Virtual Reality))을 실제 수업에서 생생하게 경험할 가능성이 더욱 커지고 있어요. 특수 제작된 VR 헤드셋을 착용하자마자 여러분은 바로 가상의 교실로 들어가게 되고, 그 교실은 매일 다른 모습으로 바뀔 수도 있어요.

뿐만 아니라 여러분은 여러분이 좋아하는 모습을 한 AI 선생님으로부터 배울 수 있고, 세계 여러 나라의 친구들과 함께 수업을 들을 수 있으며, 달과 같은 행성이나 공룡이 사는 공원과 같은 새로운 곳으로 가상 견학(virtual field trip)을 갈 수도 있게 될 거예요.

고난도

1 윗글의 밑줄 친 a tiny computer에 대한 설명으로 알맞지 <u>않은</u> 것은?

① 학교 수업에서 사용하게 될 것이다.

② 선생님을 대신하게 될 것이다.

③ 빠르게 학습할 수 있도록 도와줄 것이다.

④ 우리 뇌 속에 심어질 것이다.

⑤ 다양한 기술을 다운로드할 수 있다.

2 윗글의 빈칸에 알맞은 말이 순서대로 바르게 짝지어진 것은?

① baker – pilot　　② doctor – chef

③ scientist – baker　　④ scientist – doctor

⑤ chef – pilot

3 다음 의미에 해당하는 단어를 윗글에서 찾아 쓰시오.

> to move information from the internet to your computer

future 미래　learn 배우다　put 넣다　tiny 아주 작은　brain 뇌, 두뇌　job 일; 직업　download 다운로드하다
skill 기술　right away 곧바로　dream 꿈꾸다　imagine 상상하다　truly 정말로　fantastic 환상적인
图 baker 제빵사　pilot 조종사, 파일럿　doctor 의사　chef 요리사　scientist 과학자　information 정보

1행 You **won't** go to school.: 당신은 학교에 가지 않을 것이다 (미래 조동사 will의 부정문: won't[will not] + 동사원형)

9행 Or do you dream **of flying** a plane?: 또는 당신은 비행기를 조종하는 것을 꿈꾸는가? (전치사(of) 뒤에 오는 동사는 동명사[동사원형-ing]로 쓴다.)

GRAMMAR

● 정답 p.09

01 미래 조동사 will

I **will** become a pianist.

나는 피아니스트가 될 것이다.

❶ will은 '~할 것이다'라는 미래를 나타내는 조동사이다.

❶ 조동사 뒤에는 반드시 동사원형을 쓴다.

02 will의 부정문

I **will not** go to the party.

나는 그 파티에 가지 않을 것이다.

❶ 미래 조동사 will이 있는 문장의 부정문은 「will not + 동사원형」으로 쓴다.

❶ will not은 won't로 줄여 쓸 수 있다.

---

1 다음 문장의 괄호 안에서 알맞은 것을 고르시오.

(1) The computer (do will / will do) a great job.

(2) In the future, you will (live / lived) in an amazing world.

(3) If you keep throwing away plastic, it (made / will make) all rivers dirty.

2 다음 우리말에 맞게 주어진 단어와 어구를 바르게 배열하시오.

(1) 우리는 함께 영어를 공부할 것이다.

➡ ___________________________________ together.

(English / study / will / we)

(2) 나는 엄마와 함께 쇼핑을 갈 것이다.

➡ ___________________________________ with my mom.

(will / go shopping / I)

(3) 그는 내일 학교에 늦지 않을 것이다.

➡ ___________________________________ tomorrow.

(he / be late for school / won't)

GRAMMAR

- 감각동사의 종류 ▶ You **look** nice.
- 감각동사 + 형용사 ▶ The flowers **smell good.**

WORDS

● 정답 p.10

☐ **gift** 선물　　☐ **special** 특별한　　☐ **life** 인생, 삶
☐ **thorn** 가시　　☐ **sharp** 날카로운　　☐ **hurt** 다치게 하다; 아프다

1. Lions have ____________ teeth.
2. I want a ____________ on my birthday.

Quiz
07 나는 아름답지만 가시가 있어요!

☐ **bleed** 피가 나다　　☐ **sick** 아픈　　☐ **skin** 피부
☐ **change** 바꾸다　　☐ **bandage** 붕대　　☐ **health** 건강

1. Leaves ____________ colors in the fall.
2. Jack is ____________ with a cold.

Science
08 신기한 붕대

☐ **luckily** 다행히　　☐ **stay** 머무르다, 지내다　　☐ **easy** 쉬운
☐ **care for** ~을 돌보다　　☐ **adopt** 입양하다　　☐ **blind** 눈이 먼, 시각 장애의
☐ **loving** 화목한, 다정한　　☐ **friendship** 우정　　☐ **stray** 길 잃은, 집이 없는

1. Helen Keller was ____________ and deaf.
2. Nurses ____________ many people in hospitals.

Animals
09 두 떠돌이 개의 이야기

07

I am very beautiful. I come in many colors, and some of my friends are red, pink, and white. People love me because I **look pretty** and **smell nice**. Do you have ³ someone special in your life? I can be a nice gift for that person. Do you love someone? I can help you show it. But watch out! My thorns are sharp and they can hurt ⁶ you.

1 윗글의 'I'가 의미하는 것을 가장 잘 나타낸 것은?

2 다음 빈칸에 공통으로 들어갈 단어를 윗글에서 찾아 쓰시오.

(1) My feet ___________ when I talk a long walk.

(2) Be careful with the knife. It can ___________ you.

---

beautiful 아름다운　come in (크기, 색깔 등이) ~으로 나오다　color 색깔　special 특별한　life 인생, 삶
gift 선물　show 보여주다　watch out 조심하다　thorn 가시　sharp 날카로운　hurt 다치게 하다; 아프다
［문］ foot 발(복수형 feet)　careful 조심하는

3행 I **look pretty** and **smell nice**.: 나는 예쁘게 보이고 좋은 냄새가 난다.
(look + 형용사: ~하게 보이다 / smell + 형용사: ~한 냄새가 나다)

5행 I can **help you show** it.: 나는 당신이 그것을 보여주는 것을 도울 수 있다. (help + 목적어 + 동사원형: ~가 …하는 것을 돕다)

08

Science

65 words
Lexile 370L
★★★☆☆

One day, you cut your finger, and it starts to bleed. What can you do? You can put a bandage on it. But wait a minute! There is a special bandage. This special bandage changes colors. It looks red on sick skin. But it looks blue when the skin gets better. How amazing! It can tell you about your skin's health, just like a doctor.

1 윗글의 밑줄 친 a special bandage에 대한 설명으로 알맞은 것은?

① 상처를 빠르게 치료한다.　　② 손가락에만 사용할 수 있다.

③ 어디서나 쉽게 구할 수 있다.　　④ 피부의 건강을 알려 준다.

⑤ 의사처럼 다양한 병을 진단한다.

2 윗글에서 설명한 상처가 나을 때의 변화를 바르게 나타낸 것은?

① 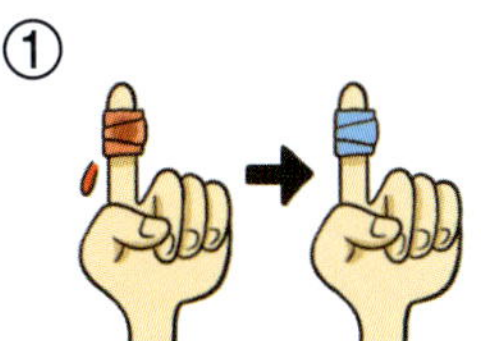　　② 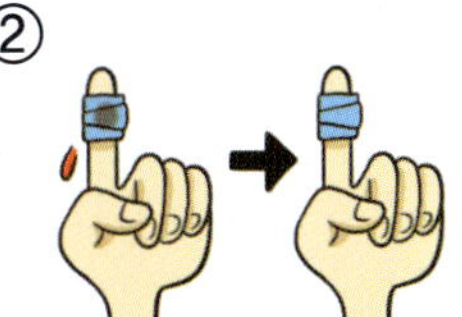　　③ 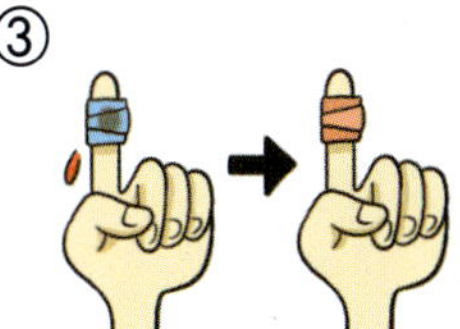

---

cut 베다　finger 손가락　bleed 피가 나다　put 붙이다　bandage 붕대　wait 기다리다　minute (시간) 분; 잠시
change 바꾸다　red 빨간색의　sick 아픈　skin 피부　blue 파란색의　get better 나아지다　tell 알려 주다; 말하다　health 건강

3행 There is a special bandage.: 특별한 붕대가 있다. (There is + 단수 명사 ~.: ~이 있다)
4행 It looks red on sick skin.: 그것은 아픈 피부 위에서는 빨간색으로 보인다. (look + 형용사: ~하게 보이다)

Animals

110 words
Lexile **430L**

★★★★☆

Tuesday, November 12, 2024

On a street in the U.K., there were two stray dogs. One of the dogs, Glenn, was blind. But that was okay. The other dog, Buzz, was always with him. Buzz helped Glenn find food and a bed. Glenn also loved Buzz very much. Living on the street was not easy, but they **felt happy** together. People heard about their friendship. They **felt sad** for them. Some wanted to adopt Buzz. Others wanted to care for Glenn. However, Glenn and Buzz needed to stay together. Luckily, an animal center found a new home for them. Now, Glenn and Buzz live together in a safe, loving home.

Did You Know?

국제 강아지의 날 (National Puppy Day)

매년 3월 23일은 '국제 강아지의 날(National Puppy Day)'로, 미국의 반려동물학자인 콜린 페이지(Colin Page)의 제안으로 2006년에 처음으로 만들어졌어요. 강아지들을 아끼고 보호하며 유기견(stray dogs)을 입양하는 문화를 정착시키기 위해서 전 세계의 애견인들은 자신의 SNS(Social Network Service)에 사랑스러운 반려동물의 사진을 올려 이 날을 기념한답니다. 그들은 생명의 소중함을 일깨우며 성숙한 반려동물 문화를 만들어 가기 위해 함께 노력하고 있어요.

1 위 인터넷 기사의 제목으로 가장 알맞은 것은?

① Helping Sick Animals

② Problems of Street Animals

③ Friendship Between Dogs

④ People Helping Street Dogs

⑤ New Home for Wild Animals

2 윗글의 내용과 일치하지 <u>않는</u> 것은?

① Glenn과 Buzz는 영국에서 살았다.

② Glenn과 Buzz는 떠돌이 개였다.

③ Glenn은 시각 장애를 가지고 있었다.

④ Buzz가 항상 Glenn을 보살펴 주었다.

⑤ Glenn과 Buzz는 서로 다른 가정에 입양되었다.

3 다음 빈칸에 알맞은 단어를 윗글에서 찾아 쓰시오.

> The man can't see anything.
> = The man is ___________ .

Tuesday 화요일 November 11월 street 거리 U.K. 영국(= United Kingdom) stray 길 잃은, 집이 없는 blind 눈이 먼, 시각 장애의 find 찾다(과거형 found) bed 잠자리, 잘 곳 easy 쉬운 feel 느끼다(과거형 felt) friendship 우정 sad 안타까운, 슬픈 adopt 입양하다 care for ～을 돌보다 stay 머무르다, 지내다 luckily 다행히 loving 화목한, 다정한 문 sick 아픈 wild 야생의 anything 어떤 것도 (부정문)

3행 One of the dogs, Glenn, was blind.: 그 개들 중의 한 마리인 Glenn은 앞이 보이지 않았다.
(one of + 복수 명사: ～중의 하나 / 단수이므로 was를 씀.)

7행 But they felt happy together.: 하지만 그들은 함께 행복하게 느꼈다. (feel + 형용사: ～하게 느끼다)

GRAMMAR

● 정답 p. 13

01 감각동사의 종류

You **look** nice.

너는 멋져 보인다.

❶ look(~하게 보이다), sound(~하게 들리다), smell(~한 냄새가 나다), taste(~한 맛이 나다), feel(~하게 느끼다)와 같이 감각을 나타내는 동사를 '감각동사'라고 한다.

02 감각동사 + 형용사

The flowers **smell good**.

그 꽃들은 좋은 냄새가 난다.

❶ 감각동사는 「감각동사 + 형용사」의 형태로 쓰고, '~하게 …하다'라고 해석한다.

---

1 다음 문장의 괄호 안에서 알맞은 것을 고르시오.

(1) People felt (sad / sadly) for the two stray dogs.

(2) The alarm clock sounds (loud / loudly).

(3) Roses look (pretty / prettily) and smell (nice / nicely).

2 다음 우리말에 맞게 주어진 단어와 어구를 바르게 배열하시오.

(1) 그 꽃들은 달콤한 냄새가 난다.

➡ ______________________________________

(sweet / the flowers / smell)

(2) 우리는 종종 화가 나고 슬프게 느낀다.

➡ ______________________________________

(often feel / angry and sad / we)

(3) 레몬은 신맛이 난다.

➡ ______________________________________

(lemons / sour / taste)

Unit 04

GRAMMAR

- 날씨를 나타내는 it ▶ **It** is sunny today.
- There is/are ~ ▶ **There is** a book on the desk.

WORDS

● 정답 p.14

☐ **action** 행동   ☐ **move** 움직이다   ☐ **hide** 숨다; 숨기다
☐ **appear** 나타나다   ☐ **shape** 모양, 형태   ☐ **copy** 따라 하다, 모방하다

1. Stars __________ at night.
2. Monkeys can __________ people.

Quiz
10 나는 따라쟁이!

☐ **hip** 엉덩이   ☐ **hunt** 사냥하다   ☐ **scary** 무서운
☐ **paint** (물감으로) 그리다   ☐ **run away** 도망가다   ☐ **monster** 괴물

1. Ghost stories are __________.
2. Foxes __________ small animals.

Animals
11 사자로부터 소를 지킨 아이디어

☐ **wrong** 틀린   ☐ **trick** 장난; 속임수   ☐ **shine** 빛나다
☐ **chilly** 쌀쌀한   ☐ **windy** 바람이 부는   ☐ **leave** 두고 가다
☐ **weather** 날씨   ☐ **realize** 깨닫다   ☐ **brightly** 밝게

1. Today's __________ is hot and sunny.
2. Your answer is not right. It's __________.

Weather
12 오늘 날씨는 어떤가요?

10

Quiz

76 words
Lexile **330L**
★★☆☆☆

I am a dark shape, and I am always with you. But you can never hear my voice. And you can never touch me. When you move, I move. When you stop, I stop. I copy ³ your shapes and actions. I appear when **there is** light or when **it** is sunny. But I hide when **there is** no light or when **it** is cloudy. I'm short at noon, but I become tall in ⁶ the late afternoon.

1 윗글의 'I'가 의미하는 것을 가장 잘 나타낸 것은?

2 다음 빈칸에 공통으로 들어갈 단어를 윗글에서 찾아 쓰시오.

(1) My cats often ______________ under the bed.

(2) I ______________ my diary in a different place every day.

---

dark 어두운 **shape** 모양, 형태 **always** 항상 **never** 절대 ~않는 **voice** 목소리 **touch** 만지다 **move** 움직이다
copy 따라 하다, 모방하다 **action** 행동 **appear** 나타나다 **light** 빛 **sunny** 화창한 **hide** 숨다; 숨기다
cloudy 흐린 **noon** 정오(낮 열두 시) **late** 늦은 문**diary** 일기장 **place** 장소

4행 **there is** light: 빛이 있다 (there is + 단수 명사/셀 수 없는 명사: ~이 있다)
5행 **it** is sunny: 화창하다 (it: 날씨를 나타내는 비인칭 주어 / '그것'으로 해석하지 않음.)

Animals

71 words
Lexile **360L**
★★★☆☆

There are many farms in Africa. These farms have a lot of cows. But they had a problem in the past. Lions tried to hunt the cows. The farmers were worried about this. 3 Then they had a smart idea. The farmers painted big eyes on the cows' hips. Their hips looked like scary monsters! When the lions saw these eyes, they got 6 scared and ran away. Now the cows are __________.

1 윗글에서 농부들이 소에게 한 일을 가장 잘 나타낸 것은?

2 윗글의 빈칸에 들어갈 말로 가장 알맞은 것은?

① safe　　② sick　　③ sad
④ scared　　⑤ strong

---

farm 농장　Africa 아프리카　problem 문제　in the past 과거에　try 노력하다, 애쓰다(과거형 tried) hunt 사냥하다　be worried about ~에 대해 걱정하다　smart 영리한　idea 아이디어　paint (물감으로) 그리다 hip 엉덩이　scary 무서운　monster 괴물　get (…한 상태가) 되다(과거형 got)　scared 무서워하는　run away 도망가다　문 safe 안전한　sick 아픈　sad 슬픈　scared 겁먹은　strong 힘이 센

1행 There are many farms in Africa.: 아프리카에는 많은 농장들이 있다. (There are + 복수 명사 ~.: ~들이 있다)
5행 Their hips looked like scary monsters!: 그들의 엉덩이는 무서운 괴물처럼 보였다! (look like + 명사(구): ~처럼 보이다)

12

One day, the sky was very cloudy. I took an umbrella when I went outside. However, it was fine all day. The next day, it was sunny and clear. So I left my umbrella at home. In the afternoon, however, it started to rain hard. This morning, the sun was shining brightly. (ⓐ) It was going to be hot today. (ⓑ) So I wore my shorts to school. (ⓒ) It became windy and chilly. (ⓓ) Because of this, I realized something about the weather. (ⓔ) It _______________________!

Did You Know?

일기 예보 (Weather Forecast)

　날씨를 미리 알려주는 일기 예보는 생활에 꼭 필요한 중요한 정보입니다. 이러한 일기 예보가 어떻게 우리에게 전달되는지 그 과정을 알아볼까요? 첫 번째는 '관측(observation)'입니다. 기상 위성, 레이더, 센서 등의 첨단 관측 장비를 활용해 대기의 흐름을 입체적으로 측정합니다. 그리고 나서 전 세계의 기상 통신망을 통해 이러한 자료들을 실시간 '수집(collection)'한 후 슈퍼컴퓨터 (supercomputer)에 입력하여, 바람, 기온, 습도 등을 '계산(calculation)'합니다. 마지막으로 기상 예보관이 이 데이터를 바탕으로 기상 실황, 기상 지역의 특성 등을 종합적으로 '확인(verification)'하여 기상 예보를 결정합니다. 이렇게 여러 단계를 거쳐 만들어진 기상 예보는 신문, 방송, 인터넷 등을 통해 우리에게 날마다 전달되고 있답니다.

1 윗글에서 주어진 문장이 들어갈 위치로 가장 알맞은 곳은?

> But I was wrong again.

① ⓐ   ② ⓑ   ③ ⓒ   ④ ⓓ   ⑤ ⓔ

고난도

2 윗글의 빈칸에 들어갈 말로 가장 알맞은 것은?

① often makes me happy

② never disappoints me

③ is usually easy to predict

④ always plays tricks on me

⑤ sometimes brings me joy

3 다음 빈칸에 공통으로 들어갈 단어를 윗글에서 찾아 쓰시오.

(1) After the rain, the sky is ___________.

(2) The map is very simple and ___________.

---

take 가져가다(과거형 took)   **outside** 밖으로   **clear** 맑은; 알기 쉬운   **leave** 두고 가다(과거형 left)   **shine** 빛나다   **brightly** 밝게   **wear** 입다(과거형 wore)   **shorts** 반바지   **windy** 바람이 부는   **chilly** 쌀쌀한   **because of** ~ 때문에   **realize** 깨닫다   **weather** 날씨   문 **wrong** 틀린   **disappoint** 실망시키다   **predict** 예측하다   **trick** 장난; 속임수   **joy** 즐거움

2행 The next day, **it** was sunny and clear.: 그다음 날, 화창하고 맑았다. (it: 날씨를 나타내는 비인칭 주어)

5행 It **was going to** be hot today.: 오늘은 더울 것이었다. (be going to + 동사원형: ~일 것이다, ~할 예정이다)

GRAMMAR

● 정답 p.17

01 날씨를 나타내는 **it**

It is sunny today.

오늘은 (날씨가) 화창하다.

❶ 날씨를 나타내는 문장의 주어로 비인칭 주어 *it*을 쓸 수 있다.

❶ 비인칭 주어 *it*은 '그것'이라고 해석하지 않는다.

02 There is/are ~

There is a book on the desk.

책상 위에 한 권의 책이 있다.

❶ 「There is/are + 명사 ~.」는 '~(들)이 있다'를 의미한다.

❶ 뒤에 단수 명사나 셀 수 없는 명사가 올 때는 is를 쓰고, 복수 명사가 올 때는 are를 쓴다.

1 다음 문장의 괄호 안에서 알맞은 것을 고르시오.

(1) There (is / are) many farms in Africa.

(2) The next day, (it / that) was sunny and clear.

(3) A shadow appears when there (is / are) light.

2 다음 우리말에 맞게 주어진 단어와 어구를 바르게 배열하시오.

(1) 겨울에는 춥고 건조하다.

➡ ______________________________________ in the winter.

(is / it / cold and dry)

(2) 그 책상 위에는 세 개의 연필들이 있다.

➡ ______________________________________ on the desk.

(three pencils / are / there)

(3) 그 뒤뜰에는 수영장이 있다.

➡ ______________________________________ in the backyard.

(is / a swimming pool / there)

Unit 05

PREVIEW

GRAMMAR

- 명령문 ▶ **Open** the door. / **Be** careful.
- 부정 명령문 ▶ **Don't swim** here. / **Don't be** late again.

WORDS

● 정답 p.18

- ☐ **festival** 축제
- ☐ **blow** (입으로) 불다, 바람을 넣다
- ☐ **burst** 터지다
- ☐ **float** 떠오르다, 뜨다
- ☐ **flat** 납작한
- ☐ **celebrate** 축하하다

13 재미난 곳엔 항상 내가 있죠!

1. People ____________ New Year's Day.
2. A pizza is ____________ and round.

- ☐ **fresh** 신선한
- ☐ **bottom** 바닥
- ☐ **choose** 고르다
- ☐ **rotten** 썩은
- ☐ **sink** 가라앉다
- ☐ **middle** 한가운데, 중앙

14 신선한 달걀 고르는 법

1. ____________ food smells bad.
2. Rocks ____________ in water.

- ☐ **soft** 부드러운
- ☐ **certain** 특정한
- ☐ **sugary** 설탕이 든
- ☐ **loud** 시끄러운
- ☐ **fatty** 기름진
- ☐ **healthy** 건강에 좋은
- ☐ **pick** 고르다
- ☐ **calm** 차분한
- ☐ **important** 중요한

15 식당 음악에 숨겨진 비밀

1. I heard a ____________ noise.
2. Fried chicken is a ____________ food.

13

Quiz

67 words
Lexile **410L**

★★☆☆☆

• 정답 p.18

At first, I'm just small and flat. **Blow** air or gas into me, and I become round and fat. I can also float into the sky. People celebrate parties and festivals with me. You can also find me at an amusement park. Children enjoy playing with me. But **be** careful! **Don't touch** me with sharp things. I burst very easily. And when I burst, everyone is surprised!

1 윗글의 'I'가 의미하는 것을 가장 잘 나타낸 것은?

2 다음 빈칸에 알맞은 단어를 윗글에서 찾아 쓰시오.

People make Christmas special with parties.

= People ___________ Christmas with parties.

---

at first 처음에　**flat** 납작한　**blow** (입으로) 불다, 바람을 넣다　**air** 공기　**gas** 가스, 기체　**round** 둥근　**fat** 뚱뚱한　**float** 떠오르다, 뜨다　**celebrate** 축하하다　**party** 파티(복수형 parties)　**festival** 축제　**amusement park** 놀이공원　**careful** 조심하는　**sharp** 날카로운　**burst** 터지다　**easily** 쉽게　**surprised** 놀란　문 **special** 특별한

5행 **But be** careful!: 하지만 조심해라! (동사원형 ∼.: ∼해라 / 명령문)

5행 **Don't touch** me with sharp things.: 나를 날카로운 물건을 가지고 만지지 마라. (Don't + 동사원형 ∼.: ∼하지 마라 / 부정 명령문)

14

Food

68 words
Lexile **410L**
★★★★☆

Can you choose fresh eggs? There is an easy way to do it. **Fill** a bowl with cold water and **put** an egg into it. A fresh egg is heavy, so it sinks to the bottom. A rotten egg [3] has gases inside, so it comes to the top of the water. What about a 2-week-old egg*? The egg doesn't sink or float. Instead, it stays in the middle.

*2-week-old egg 2주 된 달걀

1 윗글에서 설명한 신선한 달걀의 모습을 가장 잘 나타낸 것은?

2 다음 짝지어진 단어의 관계가 같도록 빈칸에 알맞은 단어를 윗글에서 찾아 쓰시오.

sink : float = ____________ : rotten

choose 고르다 fresh 신선한 easy 쉬운 way 방법 fill 채우다 bowl 그릇, 사발 put 넣다 heavy 무거운
sink 가라앉다 bottom 바닥 rotten 썩은 inside 안에, 내부에 top 꼭대기; 표면 float 뜨다 instead 대신
stay 머무르다 middle 한가운데, 중앙

1행 **There is an easy way to do it.**: 그것을 하는 쉬운 방법이 있다. (to do가 앞에 있는 an easy way를 수식함.)

2행 **Fill a bowl with cold water and put an egg into it.**: 그릇을 찬물로 채우고 달걀 하나를 그것 안에 넣어라.
(동사원형 ∼.: ∼해라 / 명령문)

15

Health

99 words
Lexile **380L**

★★★★☆

Restaurants usually play music. You may not know it, but the music is very important to people's health. Do you know why? Music can make people pick certain food. ₃ Is the music fast and loud? Then people feel excited. And they often choose junk food. (ⓐ) They may choose fatty food or sugary food. (ⓑ) Is the music soft and slow? (ⓒ) ₆ Then people feel calm. (ⓓ) They may choose salads or fish. (ⓔ) It shows that music is important for good health. Do you want to be healthy? Then **choose** a __________ ₉ restaurant and **enjoy** __________ music.

음악의 효과 (The Effect of Music)

미국의 한 연구팀은 음식점의 음악 소리와 고객이 주문하는 음식의 종류가 서로 어떤 연관성이 있는지에 대한 조사를 실시했는데, 그 결과가 무척 흥미롭답니다. 우선, 음악을 크게 틀었을 때는 고객 중 52%가 몸에 좋지 않은(unhealthy) 메뉴를 주문한 반면에, 건강에 좋은(healthy) 메뉴를 선택한 고객은 25%가 안 되었어요. 이와 반대로, 매장의 음악 소리를 작게 했을 때는 건강에 좋은 메뉴를 주문하는 고객의 수가 더 많았어요. 연구팀은 큰 음악 소리는 듣는 사람의 긴장감을 높여 자극적이고 열량이 높은 음식(high-calorie foods)을 먹고 싶게 만들고, 부드러운 음악은 진정 효과(calming effect)가 있어서 심신을 편하게 하는(relax) 음식을 고르도록 만든다고 분석했어요.

● 정답 p.20

1 윗글의 주제로 가장 알맞은 것은?

① 음악의 스트레스 치료 효과

② 식당에 고객을 끌어들이는 음악의 종류

③ 음악이 음식 선택에 끼치는 영향

④ 식욕을 낮추는 효과적인 방법

⑤ 식당 고객들이 좋아하는 음악의 종류

2 윗글에서 주어진 문장이 들어갈 위치로 가장 알맞은 곳은?

> And they often pick healthy food.

① ⓐ ② ⓑ ③ ⓒ ④ ⓓ ⑤ ⓔ

고난도

3 윗글의 빈칸에 알맞은 말이 순서대로 바르게 짝지어진 것은?

① quiet – slow ② quiet – loud ③ loud – slow

④ loud – fast ⑤ noisy – loud

4 다음 의미에 해당하는 단어를 윗글에서 찾아 쓰시오.

> not excited; quiet and peaceful

---

restaurant 식당   usually 보통, 대개   play (음악을) 틀다   important 중요한   health 건강   pick 고르다
certain 특정한   loud 시끄러운   excited 신이 난   junk food 정크 푸드(패스트푸드 또는 인스턴트 식품)   fatty 기름진
sugary 설탕이 든   soft 부드러운   calm 차분한   salad 샐러드   healthy 건강에 좋은   문 peaceful 평화로운

3행 Music can make people pick certain food.: 음악은 사람들이 특정한 음식을 고르도록 만들 수 있다.
(make + 목적어 + 동사원형: ~을 …하도록 만들다)

8행 It shows that music is important for good health.: 그것은 음악이 좋은 건강을 위해 중요하다는 것을 보여준다.
(show that + 주어 + 동사: ~라는 것을 보여주다)

● 정답 p.21

GRAMMAR

01 명령문

Open the door. / **Be** careful.

그 문을 열어라. / 조심해라.

❶ 상대방에게 '~해라'라고 명령하는 명령문은 「동사원형 ~.」으로 쓴다.
❶ be동사(am, are, is)의 동사원형은 be이다.

02 부정 명령문

Don't swim here. / **Don't be** late again.

여기서 수영하지 마라. / 다시는 늦지 마라.

❶ 상대방에게 '~하지 마라'라고 금지하는 부정 명령문은 「Don't + 동사원형 ~.」으로 쓴다.

---

1 다음 문장의 괄호 안에서 알맞은 것을 고르시오.

(1) The baby is sleeping. Please (are / be) quiet.

(2) (Fill / Fills) a bowl with cold water, and (put / puts) an egg into it.

(3) (Don't / Not) touch me with sharp things.

2 다음 우리말에 맞게 주어진 단어와 어구를 바르게 배열하시오.

(1) 동물들에게 친절해라.

➡ ____

(be / to animals / kind)

(2) 당신의 차를 조심해서 운전해라.

➡ ____

(carefully / drive / your car)

(3) 여기에서 사진을 찍지 마시오.

➡ ____

(here / don't / take photos)

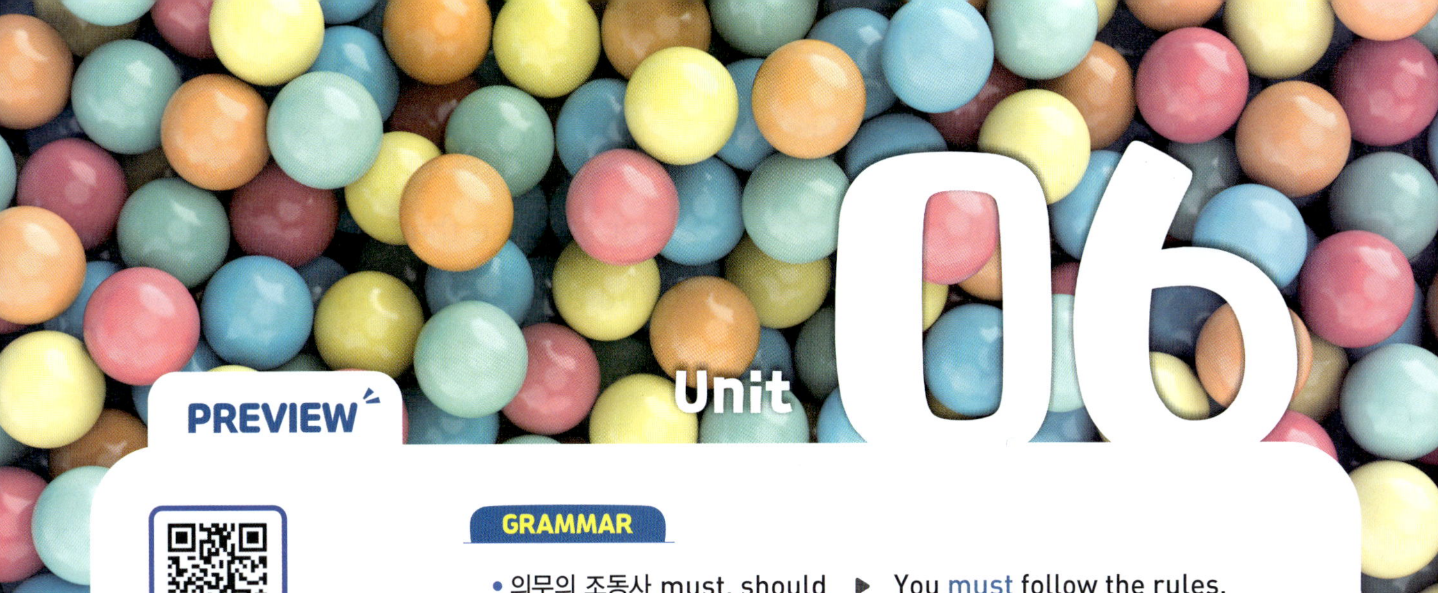

GRAMMAR

- 의무의 조동사 must, should ▶ You **must** follow the rules.
  You **should** study hard.

- 추측의 조동사 may ▶ He **may** know the answer.

WORDS

● 정답 p.22

16 너의 비밀은 내가
지켜 줄게!

☐ **key** 열쇠 ☐ **safe** 안전한 ☐ **use** 사용하다
☐ **secret** 비밀; 비밀의 ☐ **password** 비밀번호 ☐ **magic** 마법; 마법의

1. The bridge is very old. It's not ___________.
2. We ___________ the internet every day.

17 함께하는 것을
좋아하는 돌고래

☐ **chew** 씹다 ☐ **for fun** 재미로 ☐ **attack** 공격하다
☐ **swallow** 삼키다 ☐ **chase** 뒤쫓다, 추적하다 ☐ **trick** 재주; 장난

1. Tim plays a ___________ on his brother.
2. Some people like to ___________ gum.

18 검은 고양이에 관한
미신

☐ **get** 얻다 ☐ **lose** 잃다 ☐ **luck** 운, 행운
☐ **believe** 믿다 ☐ **mean** 의미하다 ☐ **lucky** 행운의, 운이 좋은
☐ **different** 다른 ☐ **pass by** 지나가다 ☐ **country** 나라

1. China is a large ___________ in Asia.
2. I don't ___________ him. He tells lies.

16

Quiz

65 words
Lexile **370L**
★★☆☆☆

You keep a diary on the computer in the living room. But your parents or sister can use that computer. They **may** read your diary. You are worried about it. What **should** you do? You **should** use me for your files! I am a secret word, like a magic key. If people don't know me, they can't open your files. I will keep them safe.

3

6

1 윗글의 'I'가 의미하는 것으로 알맞은 것은?

① email   ② app   ③ website
④ internet   ⑤ password

2 다음 의미에 해당하는 단어를 윗글에서 찾아 쓰시오.

> not getting hurt, or not in danger

---

keep a diary 일기를 쓰다   **living room** 거실   **parent** 부모 (아버지나 어머니 한쪽)   **use** 사용하다   **file** (컴퓨터의) 파일   **secret** 비밀; 비밀의   **magic** 마법; 마법의   **key** 열쇠   **keep** 유지하다   **safe** 안전한   문 **email** 이메일   **app** 앱(컴퓨터 응용 프로그램 / application의 약자)   **website** 웹사이트   **internet** 인터넷   **password** 비밀번호   **get hurt** 다치다   **danger** 위험

- 4행 **You should use me for your files!**: 당신은 당신의 파일을 위해 나를 사용해야 한다! (should + 동사원형: ～해야 한다)
- 6행 **If people don't know me**: 만약 사람들이 나를 알지 못하면 (if + 주어 + 동사 ～: 만약 ～하면)

Animals

57 words
Lexile **360L**
★★★☆☆

Dolphins hunt in groups. When they find a fish, they attack it together. Dolphins can't chew their food. So they **must** swallow it quickly. If they don't, the fish will swim away. Dolphins also like to play together. They jump out of the water and do tricks in the air. They often chase each other for fun.

1 윗글의 주제로 가장 알맞은 것은?

① 돌고래의 수영 방식 ② 돌고래의 떼 지어 다니는 습성

③ 돌고래의 종류와 특징 ④ 돌고래가 좋아하는 먹이

⑤ 돌고래 보호의 필요성

2 다음 문장의 밑줄 친 부분이 의미하는 단어를 윗글에서 찾아 쓰시오.

> When we eat food, we <u>break it down with our teeth</u>.

---

hunt 사냥하다　**in groups** 떼를 지어　**attack** 공격하다　**together** 함께　**chew** 씹다　**swallow** 삼키다
quickly 빨리　**out of** ～ 밖으로　**trick** 재주; 장난　**in the air** 공중에서　**chase** 뒤쫓다, 추적하다　**each other**
서로　**for fun** 재미로　⑲ **break ~ down** ～을 (잘게) 부수다　**tooth** 치아, 이빨(복수형 teeth)

2행 So they **must** swallow it quickly.: 그래서 그들은 그것을 빨리 삼켜야 한다. (must + 동사원형: ～해야 한다)
3행 If they **don't**: 만약 그들이 그렇게 하지 않으면 (don't 뒤에 swallow it quickly가 생략됨.)

18

Culture

96 words
Lexile **510L**
★★★★☆

You are walking down the street. Suddenly, a black cat quickly passes by. Is that good or bad? In Scotland, some people think it is a good thing. They believe that seeing a black cat is lucky. They say you **may** get a lot of money or make a new friend. But in America, it is very different. Americans believe a black cat **may** bring bad luck. They say you **may** lose money or have problems. So they say you **must** be careful. Seeing a black cat means __________ things in __________ countries. Isn't that interesting?

고양이에 관한 미신

고양이는 아주 오래 전부터 인간과 함께 지내왔기 때문에 나라마다 이 동물과 관련된 여러 다양한 미신들이 있답니다. 이탈리아에서는 고양이가 재채기를 하면 운이 좋다고(lucky) 여기고, 프랑스에서는 검은 고양이에게서 흰털을 찾으면 행운(good luck)이 온다고 생각해요. 반면 네덜란드에서는 고양이 앞에서 비밀(secret)을 말하면 그 비밀이 새어 나간다고 믿어요. 미국에서는 검은 고양이를 불운한(unlucky) 것으로 생각하지만, 길에서 흰 고양이를 만나는 것은 행운으로 여긴답니다. 그리고 러시아에서는 새집으로 이사하고 나서 고양이가 처음 앉은 곳에 침대를 놓는 것을 선호한다고 해요.

1 윗글의 제목으로 가장 알맞은 것은?

① Do People Like Black Cats?
② Fun Facts About Black Animals
③ See a Black Cat? Run Away Fast!
④ Why Are Black Cats Special?
⑤ Black Cats: Lucky or Unlucky?

2 윗글의 내용과 일치하면 T, 일치하지 <u>않으면</u> F에 체크하시오.

	T	F
(1) 스코틀랜드에서는 검은 고양이가 행운을 상징한다.	____	____
(2) 스코틀랜드에서는 검은 고양이를 보면 새 친구를 사귈 수 있다고 생각한다.	____	____
(3) 미국에서는 검은 고양이를 보면 돈을 벌 수 있다고 믿는다.	____	____

고난도

3 윗글의 빈칸에 공통으로 알맞은 단어를 본문에서 찾아 쓰시오.

____

---

walk down ~을 따라 걷다   street 거리   suddenly 갑자기   pass by 지나가다   Scotland 스코틀랜드   believe 믿다   lucky 행운의, 운이 좋은   get 얻다   different 다른   American 미국인   bring 가져오다   luck 운, 행운   lose 잃다   mean 의미하다   country 나라(복수형 countries)   interesting 흥미로운   문 fact 사실   unlucky 불운한

3행 seeing a black cat is lucky: 검은 고양이를 보는 것은 행운이다 (문장의 주어로 쓰인 동명사〔동사원형 + -ing〕)
4행 you may get a lot of money: 당신이 많은 돈을 얻을지도 모른다 (may + 동사원형: ~일지도 모른다)

GRAMMAR

01 의무의 조동사 must, should

You **must** follow the rules.　You **should** study hard.

너는 그 규칙들을 지켜야 한다.　　　너는 열심히 공부해야 한다.

❗ must는 '~해야 한다'라는 의무를 나타내는 조동사이다.

❗ should는 '~해야 한다'라는 도덕적 의무 또는 충고의 뜻을 나타내는 조동사이다.

02 추측의 조동사 may

He **may** know the answer.

그는 그 답을 알지도 모른다.

❗ may는 '~일지도 모른다'라는 추측을 나타내는 조동사이다.

1 다음 문장의 괄호 안에서 알맞은 것을 고르시오.

(1) You should (use / used) a password for your files!

(2) You may (loses / lose) money or have problems.

(3) A dolphin must (swallow / swallows) a fish quickly before it swims away.

2 다음 우리말에 맞게 주어진 단어와 어구를 바르게 배열하시오.

(1) Lisa는 초콜릿을 좋아할지도 모른다.

　➡ Lisa ________________________________.
　　　　　　　　　(chocolate / like / may)

(2) 너는 아침에 일찍 일어나야 한다.

　➡ You ____________________ in the morning.
　　　　　　　　　(get up / should / early)

(3) 당신은 자동차 안에서 안전벨트를 착용해야 한다.

　➡ ____________________ in a car.
　　　　　　　　　(a seat belt / must / you / wear)

 Unit 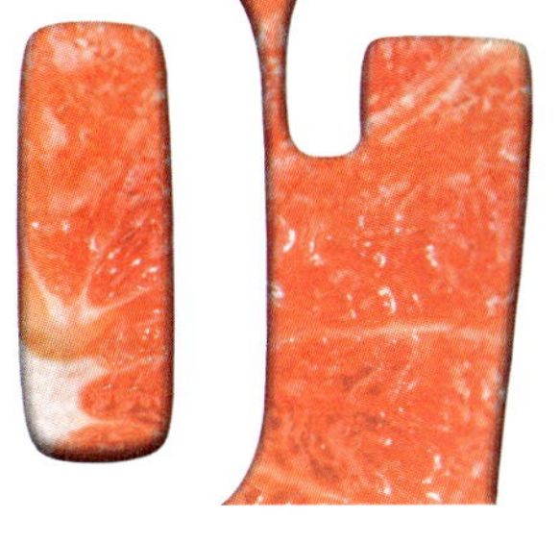 07

GRAMMAR

- 현재진행형 ▶ I **am reading** a book now.
- 과거진행형 ▶ I **was writing** an email then.

WORDS

● 정답 p.26

단어 듣기 MP3

Quiz
19 배달도 농사도 문제없어요!

☐ **fly** 날다   ☐ **deliver** 배달하다   ☐ **pilot** 조종사, 파일럿
☐ **alone** 혼자서   ☐ **neighbor** 이웃   ☐ **without** ~ 없이

1. A ___________ can fly planes.
2. Jack lives next door. He is my ___________.

Tales
20 안 봐도 다 알지!

☐ **back** 뒷부분, 뒷면   ☐ **pass** 건네주다   ☐ **note** 쪽지; 메모
☐ **shout** 소리치다   ☐ **face** ~을 향하다; 얼굴   ☐ **blackboard** 칠판

1. Please ___________ me the salt.
2. People in the mountains ___________, "Hooray!"

Tales
21 왕의 초상화

☐ **hide** 숨기다   ☐ **wise** 현명한   ☐ **brave** 용감한
☐ **artist** 화가; 예술가   ☐ **draw** (그림을) 그리다   ☐ **bent** 구부러진
☐ **closed** (눈이) 감긴   ☐ **weakness** 약점, 단점   ☐ **silent** 침묵하는; 조용한

1. I can't hear any sound. It's ___________.
2. Picasso was a great ___________.

19

Quiz

61 words
Lexile **370L**
★★☆☆☆

I do many things for people. Yesterday, I flew to another town to deliver boxes. Then I delivered pizza and coffee to my neighbor. Now, I **am watering** plants on a farm from above. And my friend **is taking** pictures of the farm from the sky. Do you think I'm an airplane? No, I'm not. I fly alone without a pilot.

1 윗글의 'I'가 의미하는 것을 가장 잘 나타낸 것은?

2 다음 의미에 해당하는 단어를 윗글에서 찾아 쓰시오. (단, 동사원형으로 쓸 것)

to take something to a person or place

---

fly 날다(과거형 flew)　**town** 마을　**deliver** 배달하다　**neighbor** 이웃　**water** 물을 주다; 물　**plant** 식물
from above 위에서　**take a picture** 사진을 찍다　**airplane** 비행기　**alone** 혼자서　**without** ~ 없이
pilot 조종사, 파일럿　문**take** 가져가다　**place** 장소

1행 Yesterday, I flew to another town **to deliver** boxes.: 어제 나는 상자들을 배달하기 위해서 다른 마을로 날아갔다.
('~하기 위하여'라는 목적을 나타내는 to부정사)
3행 I **am watering** plants: 나는 식물들에 물을 주고 있다 (am/are/is + 동사원형-ing: ~하고 있다 / 현재진행형)

20

Tales

64 words
Lexile **330L**
★★★☆☆

Miss Olivia has eyes and ears in the back of her head.
She **is writing** on the blackboard. So she **is facing**
the blackboard. Tom passes me a note.

Just then Miss Olivia says, "Don't pass
notes to each other."

How does she know? She **is** still
looking at the blackboard! Jack looks at
us and laughs.

Then Miss Olivia shouts, "Don't laugh, Jack!"

1 윗글의 밑줄 친 문장으로 Olivia 선생님에 대해 짐작할 수 있는 것은?

① 항상 수업을 재미있게 한다.
② 학생들의 행동을 정확하게 예측한다.
③ 모든 학생들에게 친절하다.
④ 떠드는 학생들에게 숙제를 많이 내준다.
⑤ 학생들의 잘못을 모른 체한다.

2 다음 빈칸에 공통으로 들어갈 단어를 윗글에서 찾아 어법에 맞게 고쳐 쓰시오.

(1) The baby has a cute ____________.
(2) Sunflowers often ____________ the sun.

---

back 뒷부분, 뒷면   **head** 머리   **blackboard** 칠판   **face** ～을 향하다; 얼굴   **pass** 건네주다   **note** 쪽지; 메모
each other 서로   **still** 여전히   **look at** ～을 보다   **laugh** 웃다   **shout** 소리치다   문 **cute** 귀여운
sunflower 해바라기

2행 She **is writing**: 그녀는 쓰고 있다 (am/are/is + 동사원형-ing: ～하고 있다 / 현재진행형)
3행 Tom **passes** me a note.: Tom이 나에게 메모를 건네준다. (pass A B = pass B to A: A에게 B를 건네주다)

21

Once upon a time, there was a scary king. The king had only one eye and one leg, so people were afraid of him. One day, the king wanted a picture of himself. He told many artists to draw one. Most artists stayed silent because they were scared. Only one artist bravely said yes. A few days later, he finished the picture. In the picture, the king **was hunting**. And his one eye was closed and his one leg was bent. The picture showed a brave king, and it also hid his weakness well. How ________! The king was very pleased and gave a lot of gold to the artist.

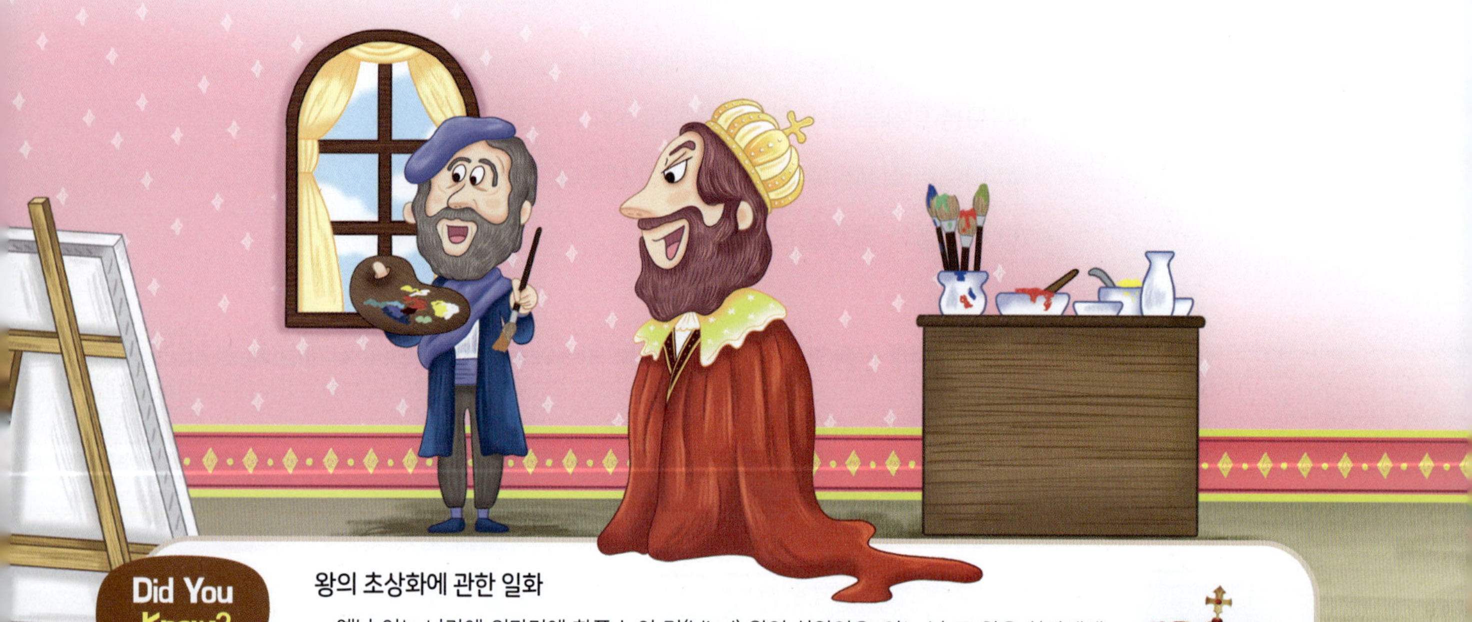

왕의 초상화에 관한 일화

옛날 어느 나라에 외다리에 한쪽 눈이 먼(blind) 왕이 살았어요. 어느 날 그 왕은 화가에게 자신의 초상화(portrait)를 그릴 것을 명령하였는데, 그 화가는 왕의 모습을 그대로 그려서 왕을 크게 분노하게 만들었어요. 소문을 들은 두 번째 화가는 왕의 마음을 사기 위해 두 다리와 두 눈을 가진 멋진 왕의 모습을 그려 바쳤으나 왕은 자신을 우롱한다고 생각하여 그 화가에게도 엄벌을 내렸어요. 왕의 명령을 받은 세 번째 화가는 고심 끝에 왕이 전쟁터에서 적을 향해 활시위를 당기고 있는 모습을 그렸어요. 화가의 그림에서 왕은 한쪽 다리를 구부리고 조준을 위해 한쪽 눈도 감고 있었지만, 이 모습은 오히려 왕의 용맹스러움을 잘 드러내 주었지요. 왕은 이러한 자신의 초상화를 보고 크게 기뻐하며 그 화가에게 큰 상(prize)을 주었다고 해요.

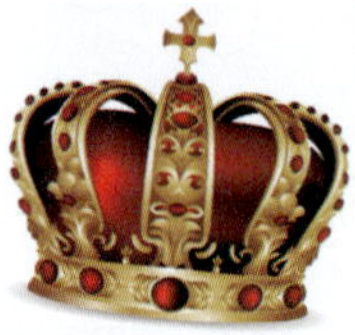

1 윗글에서 화가가 그린 그림을 가장 잘 나타낸 것은?

①  ②  ③ 

고난도
2 윗글에서 왕이 화가의 그림을 보고 기뻐한 이유를 우리말로 쓰시오.

____

3 윗글의 빈칸에 들어갈 말로 가장 알맞은 것은?

① lazy　　② funny　　③ honest
④ wise　　⑤ foolish

once upon a time 옛날에　scary 무서운　be afraid of ~을 두려워하다　artist 화가; 예술가　draw (그림을) 그리다　stay 계속 ~한 상태이다　silent 침묵하는; 조용한　scared 무서워하는　finish 끝내다　closed (눈이) 감긴　bent 구부러진　brave 용감한　hide 숨기다(과거형 hid)　weakness 약점, 단점　pleased 기쁜　[문] lazy 게으른　funny 웃기는　honest 정직한　wise 현명한　foolish 어리석은

3행 a picture of **himself**: 그 자신의 그림 (인칭대명사의 소유격/목적격 + -self/-selves: ~ 자신 / 재귀대명사)
7행 the king **was hunting**: 그 왕은 사냥을 하고 있었다 (was/were + 동사원형-ing: ~하고 있었다 / 과거진행형)

GRAMMAR

01 현재진행형

I am reading a book now.

나는 지금 책을 읽고 있다.

❗ 현재 '∼하고 있다'라는 의미를 나타내는 현재진행형은 「am/are/is + 동사원형-ing」로 쓴다.

02 과거진행형

I was writing an email then.

나는 그때 이메일을 쓰고 있었다.

❗ 과거에 '∼하고 있었다'라는 의미를 나타내는 과거진행형은 「was/were + 동사원형-ing」로 쓴다.

❗ 진행형을 만들 때, take, write, face와 같이 -e로 끝나는 동사는 e를 빼고 ing를 붙인다.

1 다음 문장의 괄호 안에서 알맞은 것을 고르시오.

(1) She is (look / looking) at the blackboard.

(2) In the picture, the king was (hunt / hunting).

(3) My friend is (taking / takeing) pictures of the farm.

2 다음 우리말에 맞게 주어진 단어와 어구를 바르게 배열하시오.

(1) Amy는 지금 숙제를 하고 있다.

➡ ______________________________ now.

(is / Amy / doing her homework)

(2) 우리는 여기에서 우리의 친구들을 기다리고 있다.

➡ ______________________________ here.

(waiting for our friends / are / we)

(3) 그들은 그때 TV를 보고 있었다.

➡ ______________________________ at that time.

(they / watching TV / were)

Unit 08

단어 듣기 MP3

GRAMMAR

- 명사절 접속사 that ▶ I think **that** he is smart.
- 명사절 접속사 that의 생략 ▶ I know (that) he is a student.

WORDS

● 정답 p.30

Quiz
22 난 언젠가 날 거야!

☐ **wing** 날개   ☐ **crawl** 기어가다   ☐ **hope** 희망하다
☐ **dream** 꿈; 꿈꾸다   ☐ **hair** (동물의) 털; 머리카락   ☐ **colorful** 다채로운, 화려한

1. Ants can ___________ on the wall.
2. The flowers are ___________ and beautiful.

Culture
23 화장하는 아이들

☐ **skin** 피부   ☐ **show off** ~을 자랑하다   ☐ **makeup** 화장
☐ **teenager** 십 대, 청소년   ☐ **exercise** 운동하다   ☐ **wear** (화장을) 하다; (옷을) 입다

1. ___________ makes people look pretty.
2. I ___________ in the park every day.

Jobs
24 우리가 몰랐던 스타에 관한 진실

☐ **truth** 진실   ☐ **actor** 배우   ☐ **talent** 재능
☐ **famous** 유명한   ☐ **sadly** 슬프게도   ☐ **star** 유명인, 스타
☐ **succeed** 성공하다   ☐ **enough** 충분한   ☐ **make money** 돈을 벌다

1. The food is not ___________. I want more.
2. The girl has a ___________ for acting.

22

I live in a beautiful garden. I have a lot of legs and hair, so I may look scary. I crawl on green leaves and eat them. I sometimes eat flowers, too. I have a big dream. I dream **that** I have large, beautiful wings. With wings, I can fly high above colorful flowers in the garden. I hope **that** my dream will come true soon.

1 윗글의 'I'가 의미하는 것을 가장 잘 나타낸 것은?

①

②

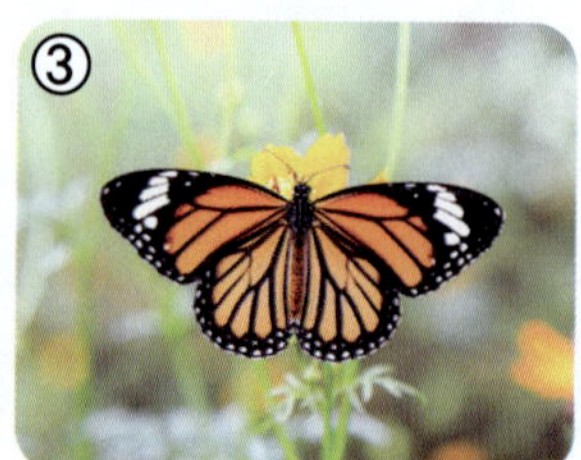
③

2 다음 의미에 해당하는 단어를 윗글에서 찾아 쓰시오.

> to move very slowly on something

---

garden 정원 **leg** 다리 **hair** (동물의) 털; 머리카락 **crawl** 기어가다 **leaf** 나뭇잎(복수형 leaves) **dream** 꿈; 꿈꾸다 **wing** 날개 **high** 높이 **above** ~ 위로 **colorful** 다채로운, 화려한 **hope** 희망하다 **come true** 실현되다, 이루어지다 〔문〕**move** 움직이다 **slowly** 천천히

- 2행 I **may look** scary: 나는 무섭게 보일지도 모른다 (may + 동사원형: ~일지도 모른다)
- 5행 I **hope that** my dream will come true soon.: 나는 나의 꿈이 곧 이루어지기를 소망한다. (hope that + 주어 + 동사: ~하는 것을 희망하다)

23

Culture

66 words
Lexile **500L**
★★★★☆

Today, many teenagers enjoy wearing makeup. Why? Because it makes them feel good. When they wear makeup, they can show off their good points. They can ₃ also hide their weak points. However, some people are __________. They think makeup is bad for teenagers' young skin. They say, "Eat good food and exercise. This will ₆ make you beautiful inside and out. It is better than makeup."

1 윗글의 빈칸에 들어갈 말로 가장 알맞은 것은?

① excited　　② proud　　③ surprised

④ pleased　　⑤ worried

2 윗글에서 설명한 십 대들이 화장을 하는 이유를 우리말로 쓰시오.

____

____

teenager 십 대, 청소년　wear (화장을) 하다; (옷을) 입다　makeup 화장　show off ～을 자랑하다, 뽐내다
good point 장점　hide 숨기다　weak point 약점　skin 피부　exercise 운동하다　inside and out 안팎으로
better 더 좋은(good의 비교급)　문 excited 신이 난　proud 자랑스러워하는　surprised 놀란　pleased 기쁜
worried 걱정하는

5행 **They think (that) makeup is bad for teenagers' young skin.**: 그들은 화장이 십 대들의 어린 피부에 나쁘다고 생각한다. (think (that) + 주어 + 동사: ～라고 생각하다 / 접속사 that은 생략 가능함.)

7행 **It is better than makeup.**: 이것이 화장보다 더 좋다. (형용사의 비교급 + than: ～보다 더 …한)

24

Jobs

91 words
Lexile **420L**
★★★☆☆

Many kids want to become famous. They think **that** singers and actors are cool. Some kids believe **that** they make a lot of money. So from a young age, they dream of becoming one. (ⓐ) Becoming a star is very hard work. (ⓑ) First, you must have great <u>talent</u>. (ⓒ) You must also work really hard. (ⓓ) Sadly, only a few people succeed. (ⓔ) And many of them don't make enough money. They often need another job.

Being a star is never easy.

Do you still dream about it?

달라지는 '스타(Star)'의 개념

　예전에는 가수나 배우 등의 전문적인 직업을 가진 사람들을 '스타'라고 불렀지만, 개인 SNS와 유튜브(YouTube) 등이 새로운 방송 매체(broadcast media)로 자리 잡은 요즘에는, 온라인에서 영향력 있는 일반인도 수많은 팬들이 따르는 '스타'가 되고 있어요. 이러한 '온라인 스타'들은 자신만의 개성과 콘텐츠를 가지고 직접 시청자와 소통하기 때문에 전 세계의 수많은 사람들의 호응과 사랑을 받고 있답니다. 최근에 실시된 미국의 한 설문 조사(survey) 결과에 따르면, 십 대들에게 인기 있는 인물 10위 중 8명이 '유튜브 스타'였고, 대한민국의 학생들을 대상으로 한 장래 희망(future career) 조사에서도 '유튜브 콘텐츠 창작자(YouTuber)'가 높은 순위에 있는 만큼 '온라인 스타' 열풍은 앞으로도 계속될 전망이에요.

1 윗글의 제목으로 가장 알맞은 것은?

① To Make Money, Be a Star

② Stars Are Made, Not Born

③ Being a Star Is Not Easy

④ Make Your Dream Come True

⑤ Boys and Girls, Dream Big

고난도
2 윗글에서 주어진 문장이 들어갈 위치로 가장 알맞은 곳은?

> However, they may not know the truth.

① ⓐ   ② ⓑ   ③ ⓒ   ④ ⓓ   ⑤ ⓔ

3 윗글의 밑줄 친 talent의 의미로 가장 알맞은 것은?

① a special skill

② a famous song

③ a young person

④ a person with special skills

⑤ a fact about something

---

famous 유명한   **actor** 배우   **cool** 멋진   **make money** 돈을 벌다   **from a young age** 어릴 때부터   **star** 유명인, 스타   **hard work** 힘든 일   **talent** 재능   **work** 일; 노력하다   **sadly** 슬프게도   **only a few** 극소수의   **succeed** 성공하다   **enough** 충분한   **another** 또 다른   **job** 직업   문 **born** 타고난   **come true** 실현되다, 이루어지다   **truth** 진실   **skill** 재주; 기술

2행 **Some kids believe that they make a lot of money.**: 몇몇 아이들은 그들이 많은 돈을 번다고 믿는다.
(believe that + 주어 + 동사: ~라고 믿다)

7행 **many of them**: 그들 중 많은 사람들이 (many of + 복수 명사: ~ 중의 많은 사람[것]들이)

GRAMMAR

01 명사절 접속사 that

I think **that** he is smart.
나는 그가 똑똑하다고 생각한다.

❗ 접속사 that은 「that + 주어 + 동사」로 쓰여 '～라는 것'을 의미하며, 이 that절을 명사절이라고 한다.
❗ think, know, hope, believe 등의 동사는 접속사 that이 이끄는 명사절을 목적어로 쓸 수 있다.

02 명사절 접속사 that의 생략

I know **(that)** he is a student.
나는 그가 학생이라는 것을 알고 있다.

❗ 명사절을 이끄는 접속사 that은 생략하고 「주어+동사」만 쓸 수 있다.

1 다음 문장에서 접속사 that이 이끄는 명사절에 밑줄을 치시오.

(1) I hope that my dream will come true soon.

(2) Some people think that makeup is bad for teenagers' young skin.

(3) Some kids believe that stars make a lot of money.

2 다음 우리말에 맞게 주어진 단어와 어구를 바르게 배열하시오.

(1) Sam은 그 문제가 쉽다고 생각한다.

➡ Sam thinks ________________________________.
(is / the problem / easy)

(2) 우리는 그들이 돌아오기를 바란다.

➡ We hope ________________________________.
(will / come back / they / that)

(3) 나는 네가 책 읽는 것을 좋아하는지 몰랐다.

➡ I didn't know ________________________________.
(you / that / like / reading books)

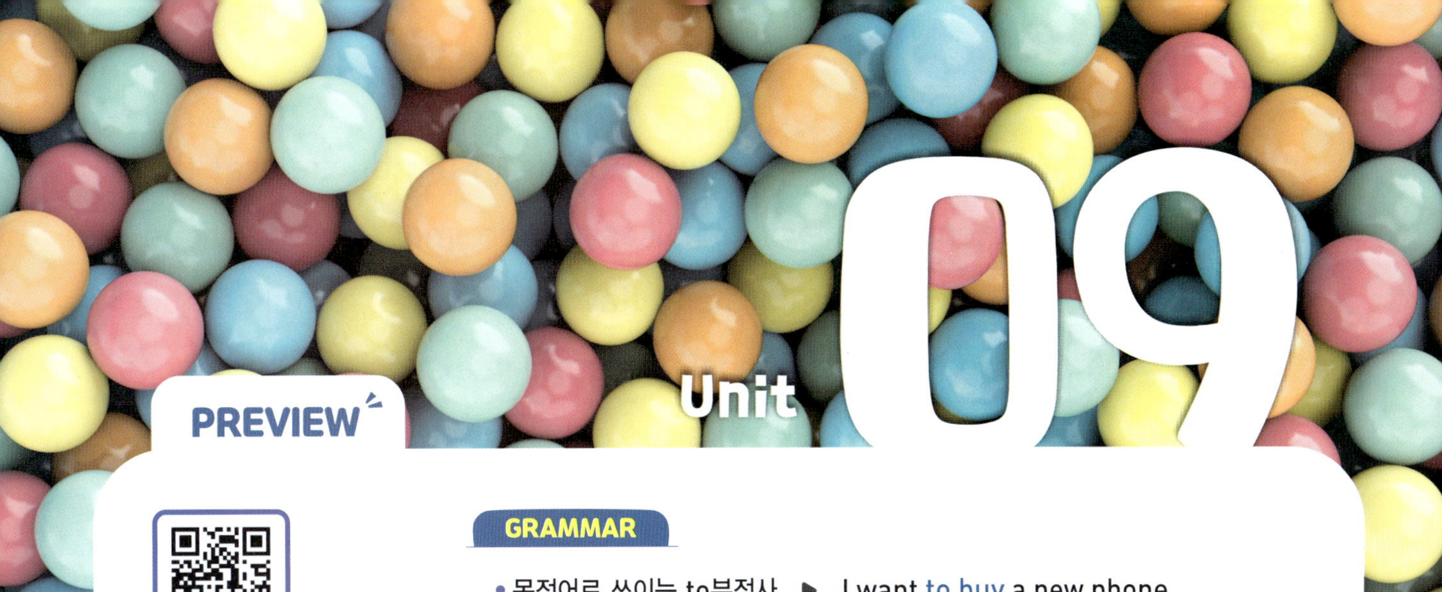

Unit 09

GRAMMAR

- 목적어로 쓰이는 to부정사 ▶ I want **to buy** a new phone.
- 보어로 쓰이는 to부정사 ▶ His job is **to teach** students.

WORDS

● 정답 p.34

Quiz
25 난 항상 영화와 단짝이지!

- ☐ **snack** 간식
- ☐ **salty** 짭짤한
- ☐ **flavor** 맛
- ☐ **share** 나눠 먹다; 같이 쓰다
- ☐ **cinema** 영화관
- ☐ **pop** 펑하고 터지다

1. The ___________ of candy is sweet.
2. My favorite ___________ is a chocolate chip cookie.

Animals
26 펭귄도 사람처럼 이것이 필요해요

- ☐ **meal** 식사
- ☐ **glasses** 안경
- ☐ **old** 나이 든
- ☐ **wear** (안경을) 착용하다
- ☐ **delicious** 맛있는
- ☐ **pool** 웅덩이; 수영장

1. Some ducks are swimming in the ___________.
2. I need ___________ because I can't see well.

Tales
27 Samson의 후회

- ☐ **power** 힘
- ☐ **plan** 계획
- ☐ **cut** 자르다
- ☐ **weak** 약한
- ☐ **realize** 깨닫다
- ☐ **fight** 싸우다
- ☐ **enemy** 적, 적군
- ☐ **wake up** 깨어나다
- ☐ **mistake** 실수

1. He made a big ___________ on the test.
2. I have a great ___________ for summer vacation.

25

Quiz

56 words
Lexile **500L**
★★☆☆☆

I'm a yummy snack. I come in big buckets at the cinema, and everyone likes **to share** me. You can find me in different colors and flavors at stores, too. I can be sweet or salty. People cook me in a special machine or on the stove. Making me is really fun. Why? Because I POP!

1 윗글의 'I'가 의미하는 것을 가장 잘 나타낸 것은?

①  ②  ③ 

2 다음 빈칸에 공통으로 들어갈 단어를 윗글에서 찾아 쓰시오.

(1) Let's ___________ the pizza together.

(2) I ___________ the room with my sister.

---

yummy 맛있는   snack 간식   come in (크기, 색깔 등이) ~으로 나오다   bucket 큰 통, 양동이   cinema 영화관
share 나눠 먹다; 같이 쓰다   color 색깔   flavor 맛   store 상점   sweet 달콤한   salty 짭짤한   cook 요리하다
machine 기계   stove (요리용) 레인지   fun 재미있는   pop 펑하고 터지다

2행 everyone **likes to share** me: 모두가 나를 나눠 먹는 것을 좋아한다 (like + to부정사[to + 동사원형]: ~하기를 좋아하다)

5행 **Making** me is really fun.: 나를 만드는 것은 정말 재미있다. (문장의 주어로 쓰인 동명사[동사원형 + -ing])

Animals

61 words
Lexile **360L**
★★★☆☆

There were old penguins at the zoo. The penguins couldn't see well. The zoo wanted to help them, so they did <u>something special</u>. The zoo made glasses for them! 3
After the penguins wore the glasses, they could ______ ______. Now, they love to wear the glasses. The penguins easily find small fish in their pool. They enjoy 6 delicious meals every day.

1 윗글의 밑줄 친 something special이 가리키는 것을 우리말로 쓰시오.

____

2 윗글의 빈칸에 들어갈 말로 가장 알맞은 것은?

① see better ② grow big
③ hear well   ④ hide easily
⑤ swim fast

old 나이 든 penguin 펭귄 zoo 동물원 help 돕다 glasses 안경 wear (안경을) 착용하다; (옷을) 입다(과거형 wore) easily 쉽게 find 찾다 pool 수영장; 웅덩이 delicious 맛있는 meal 식사 문 better 더 잘 grow big 크게 자라다 hear 듣다 hide 숨다 swim 수영하다

1행 **The penguins couldn't see well.**: 그 펭귄들은 앞을 잘 볼 수 없었다. (couldn't[= could not]: ~할 수 없었다)
2행 **The zoo wanted to help them.**: 그 동물원은 그들을 돕기를 원했다. (want + to부정사[to + 동사원형]: ~하기를 원하다)

27

Tales

106 words
Lexile **380L**

★★★★☆

There once lived a very ⓐ<u>strong</u> man in Israel. His name was Samson.* He could fight big lions. His enemies were very ⓑ<u>scared</u> of him, so they made a plan. The plan was **to make** Samson weak. They sent a beautiful woman, Delilah, to Samson. Samson fell in love with her. They started **to live** together. One day, he told her his secret. He said, "My power ⓒ<u>comes</u> from my long hair." That night, while Samson was sleeping, Delilah ⓓ<u>cut</u> his hair. So Samson ⓔ<u>got</u> his power. The next morning, he woke up and found out about it. He realized <u>his mistake</u> and cried out loud.

3

6

9

* **Samson** 삼손 (구약 성서에 나오는 이스라엘의 힘이 센 남자)

Did You Know?

서양 문화의 영웅들

　서양의 고대 신화와 문학 작품에는 Samson과 같이 뛰어난 능력의 영웅들(heroes)이 많이 등장해요. 우선 그리스 신화(Greek mythology)에서 초인적인 힘으로 가장 대표되는 인물은 헤라클레스(Heracles)예요. 아킬레스(Achilles) 또한 그리스 신화에 나오는 불멸의 전사인데 그는 자신의 유일한 약점인 발뒤꿈치에 화살을 맞고 죽음을 맞이했어요. '치명적인 약점(weakness)'을 뜻하는 '아킬레스 건(Achilles' heel)'이 여기에서 나온 표현이지요. 베오울프(Beowulf)는 고대 영국의 서사시 '베오울프'의 주인공으로, 용에 맞서 용맹스럽게 싸우다 죽은 강인함과 용기로 유명해요.

1 윗글에서 적들이 Samson에게 Delilah를 보낸 이유로 알맞은 것은?

① Samson을 도와주려고　　② Samson과 친구가 되려고

③ Samson의 기술을 배우려고　　④ Samson의 약점을 알아내려고

⑤ Samson에게 도움을 요청하려고

고난도
2 윗글의 밑줄 친 ⓐ～ⓔ 중 문맥상 의미가 어색한 것은?

① ⓐ　　　② ⓑ　　　③ ⓒ　　　④ ⓓ　　　⑤ ⓔ

3 윗글의 밑줄 친 his mistake가 의미하는 것을 우리말로 쓰시오.

____

4 다음 의미에 해당하는 단어를 윗글에서 찾아 쓰시오.

something you don't tell anyone

once 옛날에　Israel 이스라엘　fight 싸우다　enemy 적, 적군　be scared of ～을 두려워하다　plan 계획
weak 약한　send 보내다(과거형 sent)　fall in love with ～와 사랑에 빠지다(과거형 fell)　secret 비밀
power 힘　while ～하는 동안　cut 자르다(과거형 cut)　get 얻다　wake up 깨어나다(과거형 woke up)　find
out 알아내다(과거형 found out)　realize 깨닫다　mistake 실수　cry 울다(과거형 cried)　out loud 소리 내어

3행 The plan was to make Samson weak.: 그 계획은 Samson을 약하게 만드는 것이었다. (보어로 쓰인 to부정사 [to + 동사원형])

4행 They sent ~ Delilah, to Samson.: 그들은 ～ Delilah를 Samson에게 보냈다. (send A to B: A를 B에게 보내다)

GRAMMAR

01 목적어로 쓰이는 to부정사

I want **to buy** a new phone.
나는 새 전화기를 사기를 원한다.

❶ 「to + 동사원형」의 to부정사는 명사처럼 쓰일 수 있으며, '~하기, ~하는 것'으로 해석한다.
❶ to부정사가 명사처럼 쓰일 때는 동사 like, love, start, want 등의 목적어로 쓰일 수 있다.

02 보어로 쓰이는 to부정사

His job is **to teach** students.
그의 직업은 학생들을 가르치는 것이다.

❶ to부정사가 명사처럼 쓰일 때는 be동사의 뒤에서 보어로 쓰일 수 있다.

1 다음 문장의 괄호 안에서 알맞은 것을 고르시오.

(1) I like (share / to share) my toy with my friend.

(2) The zoo wanted (to help / helped) the old penguins.

(3) The plan was (make / to make) Samson weak.

2 다음 우리말에 맞게 주어진 단어와 어구를 바르게 배열하시오.

(1) 나는 집에서 재미있는 영화를 보기를 원한다.

➡ I _________________________________ at home.
(to watch / fun movies / want)

(2) 그들은 작년에 영어를 배우기 시작했다.

➡ _________________________________ last year.
(started / they / to learn English)

(3) 그녀의 꿈은 화가가 되는 것이다.

➡ _________________________________
(to become an artist / is / her dream)

Unit 10

단어 듣기 MP3

GRAMMAR

- 동명사의 형태와 의미 ▶ **Playing** soccer is fun.
- 주어로 쓰이는 동명사 ▶ **Reading** books is my hobby.

WORDS

● 정답 p.38

Quiz

28 나는 재주가 많은 동물이에요!

- ☐ **copy** 따라 하다, 모방하다
- ☐ **climb** 오르다, 기어오르다
- ☐ **grab** 붙잡다
- ☐ **human** 인간; 인간의
- ☐ **action** 행동
- ☐ **hobby** 취미

1. My ___________ is drawing pictures.
2. I want to ___________ this mountain.

Education

29 기억력을 높이는 방법

- ☐ **hour** 시간, 한 시간
- ☐ **forget** 잊다
- ☐ **method** 방법
- ☐ **information** 정보
- ☐ **review** 복습하다
- ☐ **remember** 기억하다

1. I will ___________ your birthday.
2. The internet has a lot of ___________.

Technology

30 긴 동영상은 지루해

- ☐ **winner** 우승자
- ☐ **real** 실제의, 진짜의
- ☐ **busy** 바쁜
- ☐ **strange** 이상한
- ☐ **popular** 인기 있는
- ☐ **guess** 추측하다
- ☐ **pretend** ~인 체하다
- ☐ **challenge** 도전
- ☐ **run out** (시간이) 다 되다

1. The song is ___________ with many people.
2. Santa Claus is not a ___________ person.

28

Quiz

76 words
Lexile **360L**
★★☆☆☆

I have strong arms and legs, so I can climb trees very well. **Jumping** from tree to tree is easy for me. I also have a long tail. It helps me grab the tree branches. ₃ Fruits are my favorite snack. I eat bananas, mangoes, and papayas. I look like a human, but my body has soft fur all over. I love copying human actions. It's not just my hobby. It's my way of learning new things.

1 윗글의 'I'가 의미하는 것으로 알맞은 것은?

① rabbit　　② squirrel　　③ elephant
④ koala　　⑤ monkey

2 다음 문장의 밑줄 친 this가 의미하는 단어를 윗글에서 찾아 쓰시오.

> You enjoy doing <u>this</u> in your free time for fun.

---

climb 오르다, 기어오르다　**jump** 뛰어오르다　**easy** 쉬운　**tail** 꼬리　**grab** 붙잡다　**branch** 나뭇가지
favorite 가장 좋아하는　**snack** 간식　**mango** 망고　**papaya** 파파야　**human** 인간; 인간의　**fur** (동물의) 털
copy 따라 하다, 모방하다　**action** 행동　**not just** 단지 ~만이 아닌　**hobby** 취미　**way** 방식　圈 **squirrel** 다람쥐
free time 여가 시간　**for fun** 재미로

- - -

2행 **Jumping** from tree to tree is easy for me.: 나무에서 나무로 뛰어 오르는 것은 나에게 쉽다. (주어로 쓰인 동명사
〔동사원형 + -ing〕)
3행 It **helps** me **grab** ~.: 그것은 내가 ~을 잡는 것을 돕는다. (help + 목적어 + 동사원형: ~이 …하는 것을 돕다)

29

Education

67 words
Lexile **370L**
★★★★☆

● 정답 p.39

Learning new things is very hard. Some scientists say we forget about 60% of them in one hour. After a day, we remember only about 30%. Do you want to remember 3 more? Try this: Review right after learning. Review again 20 minutes later. Then, take a break. Review again the next day. This method keeps your memory strong. Why? 6 It moves the information into your long-term memory.*

*__long-term memory__ 장기 기억 (대뇌에 오래도록 보존되는 기억)

1 윗글의 내용과 일치하면 T, 일치하지 <u>않으면</u> F에 체크하시오.

	T	F
(1) 학습한 후 한 시간이 지나면 보통 40%만 기억한다.	_____	_____
(2) 학습한 후 20분마다 계속 복습하는 것이 좋다.	_____	_____

2 다음 빈칸에 알맞은 단어를 윗글에서 찾아 쓰시오.

> After you learn something, you study it again.
> = After you learn something, you __________ it.

---

hard 어려운 **forget** 잊다 **about** 약, 대략 **hour** 시간, 한 시간 **remember** 기억하다 **try** 시도하다
review 복습하다 **right after** ~ 직후에 **take a break** 휴식을 취하다 **the next day** 그다음 날 **method** 방법
keep 유지하다 **strong** 강한 **move** 옮기다 **information** 정보 **long-term** 장기적인 **memory** 기억(력)

- - - - - - - - - -

1행 **Learning** new things is very hard.: 새로운 것들을 배우는 것은 매우 어렵다. (주어로 쓰인 동명사[동사원형 + -ing])
6행 **keeps** your memory **strong**: 당신의 기억력을 강하게 유지해 준다 (keep + 목적어 + 형용사: ~을 …하게 유지하다)

30

Technology

109 words
Lexile **400L**

★★★★☆

Watching short videos on YouTube is very popular now. Why? Today, people are so (A) `busy / free` . They don't have time to watch long videos. One of their favorite 3 types is dance videos. In these videos, kids dance to cool music. They pretend to sing and dance like stars. But they don't actually sing. They just move their lips, but it 6 looks (B) `wrong / real` . Another popular type of video is challenge videos. These are like games. There, kids do funny things, like eating strange food and racing. They 9 try to finish before the time runs out. Who will win? (C) `Making / Guessing` the winner is fun. These videos are exciting and make us laugh.

숏폼 콘텐츠 (Short-form Content)
　1분 이내로 구성된 짧은 동영상 콘텐츠로(video content), 줄여서 숏츠(shorts)
라고도 불려요. 배경음악과 스티커 효과 등을 활용하여 자신만의 짧은
동영상을 만드는 것이 십 대들 사이에서 유행하면서 점점 더 인기를 얻게
되었어요. 현재는 다양한 주제(subject)를 압축적이고 빠르게 접할 수 있다는
장점 때문에 전 세계의 사람들이 즐겨 보고 있어요. 대표적인 숏폼 콘텐츠 플랫폼
(platform)으로는 유튜브 쇼츠, 인스타그램 릴스, 틱톡 등이 있는데, 사람들이 주로
스마트폰을 통해 동영상을 보기 때문에 대부분의 쇼츠는 세로 형식으로 만들어 져요.

1 윗글에 소개된 숏폼 콘텐츠의 특징으로 알맞지 <u>않은</u> 것은?

① 아이들이 음악에 맞추어 춤을 춘다.

② 입술을 움직이며 노래하는 흉내를 낸다.

③ 이상한 음식을 먹거나 경주를 한다.

④ 끝나는 시간을 정하지 않고 경쟁을 한다.

⑤ 신나는 내용으로 시청자들을 웃게 만든다.

고난도

2 윗글의 (A), (B), (C)에서 문맥상 알맞은 것끼리 짝지어진 것은?

	(A)		(B)		(C)
①	busy	–	wrong	–	Making
②	busy	–	real	–	Guessing
③	busy	–	real	–	Making
④	free	–	wrong	–	Making
⑤	free	–	real	–	Guessing

3 다음 의미에 해당하는 단어를 윗글에서 찾아 쓰시오.

> to act like something is true, when it is not true

popular 인기 있는 busy 바쁜 free 한가한 favorite 가장 좋아하는 dance to music 음악에 맞춰 춤추다
pretend ~인 체하다 actually 실제로 move 움직이다 lip 입술 wrong 잘못된 real 실제의, 진짜의
challenge 도전 funny 웃기는 strange 이상한 racing 경주 run out (시간이) 다 되다 guess 추측하다
winner 우승자 圏 act like ~처럼 행동하다

1행 **Watching** short videos on YouTube is very popular now.: YouTube에서 짧은 동영상들을 시청하는 것은 지금 매우 인기가 있다. (주어로 쓰인 동명사[동사원형 + -ing])

11행 These videos are exciting and **make us laugh**.: 이 동영상들은 흥미진진하고 우리를 웃게 만든다. (make + 목적어 + 동사원형: ~을 …하도록 만든다)

GRAMMAR

● 정답 p.41

01 동명사의 형태와 의미

Playing soccer is fun.

축구하는 것은 재미있다.

❶ 동명사는 「동사원형 + -ing」의 형태로, 문장에서 명사처럼 쓰이는 말이다.

❶ 동명사는 '~하기, ~하는 것'으로 해석한다.

02 주어로 쓰이는 동명사

Reading books is my hobby.

책을 읽는 것은 나의 취미이다.

❶ 동명사는 명사처럼 문장의 주어로 쓸 수 있으며 항상 단수로 취급한다.

❶ make와 같이 -e로 끝나는 동사는 e를 빼고 -ing를 붙인다. makeing (×) → making (○)

1 다음 문장의 괄호 안에서 알맞은 것을 고르시오.

(1) (Learn / Learning) new things is very hard.

(2) (Jumping / Jumped) from tree to tree is easy for monkeys.

(3) Watching short videos (is / are) very popular now.

2 다음 우리말에 맞게 주어진 단어와 어구를 바르게 배열하시오.

(1) 만화책을 읽는 것이 나의 취미이다.

➡ ____ my hobby.

(comic books / is / reading)

(2) 내 친구들과 함께 축구를 하는 것은 재미있다.

➡ ____ fun.

(with my friends / is / playing soccer)

(3) 패스트푸드를 먹는 것은 건강에 좋지 않다.

➡ ____ for your health.

(is not good / fast food / eating)

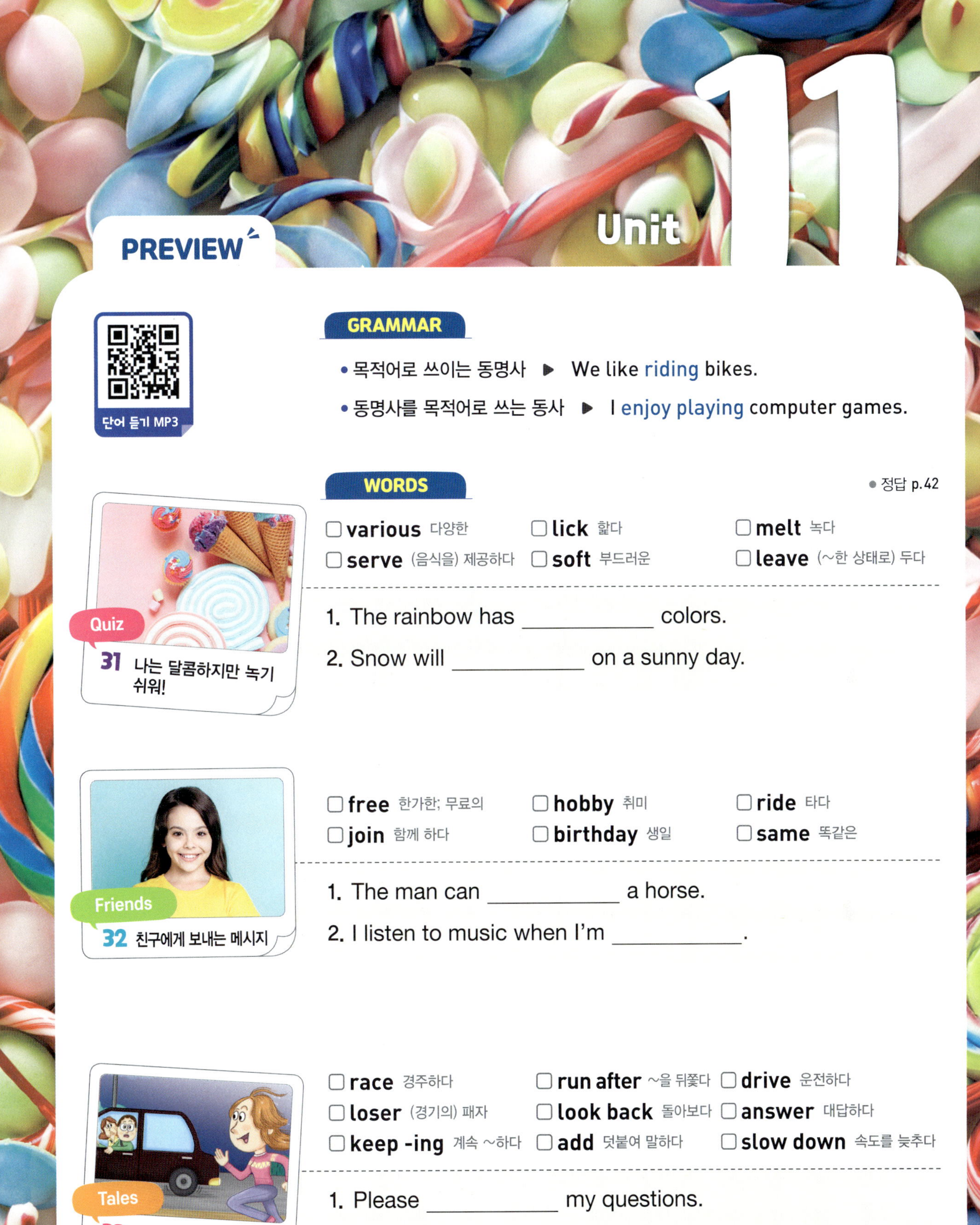

PREVIEW

GRAMMAR

- 목적어로 쓰이는 동명사 ▶ We like riding bikes.
- 동명사를 목적어로 쓰는 동사 ▶ I enjoy playing computer games.

WORDS

● 정답 p.42

Quiz
31 나는 달콤하지만 녹기 쉬워!

☐ **various** 다양한   ☐ **lick** 핥다   ☐ **melt** 녹다
☐ **serve** (음식을) 제공하다   ☐ **soft** 부드러운   ☐ **leave** (~한 상태로) 두다

1. The rainbow has ___________ colors.
2. Snow will ___________ on a sunny day.

Friends
32 친구에게 보내는 메시지

☐ **free** 한가한; 무료의   ☐ **hobby** 취미   ☐ **ride** 타다
☐ **join** 함께 하다   ☐ **birthday** 생일   ☐ **same** 똑같은

1. The man can ___________ a horse.
2. I listen to music when I'm ___________.

Tales
33 이상한 달리기

☐ **race** 경주하다   ☐ **run after** ~을 뒤쫓다   ☐ **drive** 운전하다
☐ **loser** (경기의) 패자   ☐ **look back** 돌아보다   ☐ **answer** 대답하다
☐ **keep -ing** 계속 ~하다   ☐ **add** 덧붙여 말하다   ☐ **slow down** 속도를 늦추다

1. Please ___________ my questions.
2. Can you ___________? The car is going too fast.

● 정답 p.42

31

Quiz

62 words
Lexile **350L**
★★☆☆☆

I am a delicious snack. I am soft and sweet. I have various flavors like vanilla and chocolate. There are mint and caramel flavors, too. You can find me at many stores. People serve me in a cup or cone. They **enjoy licking** me. You must eat me quickly, or I will melt. And you should not <u>leave</u> me in the sun.

1 윗글의 'I'가 의미하는 것을 가장 잘 나타낸 것은?

2 윗글의 밑줄 친 leave와 같은 의미로 쓰인 것은?

① We'll leave for school soon.

② He will leave the city tomorrow.

③ I want to leave here next week.

④ Don't leave the door open.

⑤ Let's leave home at 2 o'clock.

---

delicious 맛있는　**snack** 간식　**soft** 부드러운　**various** 다양한　**flavor** 맛　**vanilla** 바닐라　**mint** 박하
caramel 캐러멜　**serve** (음식을) 제공하다　**cone** (아이스크림) 콘　**lick** 핥다　**quickly** 빨리　**or** 그렇지 않으면
melt 녹다　**leave** (~한 상태로) 두다; 떠나다　**in the sun** 햇볕에

- -

4행 They **enjoy licking** me.: 그들은 나를 핥는 것을 즐긴다. (enjoy + 동명사(동사원형-ing): ~하는 것을 즐기다)

5행 And you **should not** leave me in the sun.: 그리고 당신은 나를 햇볕에 두면 안 된다. (should not + 동사원형: ~하면 안 된다)

32

Friends

73 words
Lexile **390L**

★★★☆☆

 **Sarah Smith**

Hey, Sarah,

It's Jack from Paul's birthday party. 😊 I really **enjoyed talking** to you at the party and was happy to hear that you **like riding** bikes. I love bikes too. It's cool! We share the same hobby! 😄😄 By the way, are you free this Saturday? Paul and I are going bike riding in Central Park, and it will be fun if you join us. 😆 Please let me know if you're interested!

Thanks!

3

6

1 Jack이 Sarah에게 메시지를 보낸 목적으로 가장 알맞은 것은?

① Paul의 생일 날짜를 확인하려고　② 취미가 무엇인지 물어보려고

③ 자전거 타는 방법을 알려주려고　④ 자신의 생일 파티에 초대하려고

⑤ 함께 자전거를 타러 갈 것을 제안하려고

고난도

2 다음 빈칸에 공통으로 들어갈 단어를 윗글에서 찾아 쓰시오.

(1) When I'm ＿＿＿＿＿＿, I go hiking.

(2) I have a coupon for ＿＿＿＿＿＿ ice cream.

---

birthday 생일　**enjoy** 즐기다　**ride** 타다　**bike** 자전거　**cool** 멋진　**share** 공유하다　**same** 똑같은
hobby 취미　**by the way** 그런데　**free** 한가한; 무료의　**Saturday** 토요일　**go bike riding** 자전거를 타러 가다　**fun**
재미있는　**join** 함께 하다　**interested** 관심이 있는　문 **go hiking** 하이킹(도보 여행)을 가다　**coupon** 쿠폰, 할인권

3행　~ **and was happy to** hear that you like riding **bikes.**: ~ 그리고 네가 자전거 타는 것을 좋아한다고 들어서 기뻤어.
(hear that + 주어 + 동사: ~라고 듣다 / like는 동명사[동사원형-ing]를 목적어로 쓸 수 있음)

8행　**let me know ~**: 나에게 ~을 알려줘 (let + 목적어 + 동사원형: ~이 …하도록 하다/허락하다)

33

Tales

75 words
Lexile **470L**
★★★★☆

Every Saturday night, Mr. and Mrs. Jones **enjoyed watching** a movie at a movie theater. One night, as they drove home, they saw a man running after a woman. Mr. Jones was worried about her.

He slowed down the car and asked, "Do you need any help?"
The woman looked back but kept running.
"No, thank you," she answered with a smile.
She added, "We race home after watching a movie. The loser washes the dishes!"

Did You Know?

영어권에서 사용하는 존칭 표현

영어권(English-speaking countries)에서는 성(last name) 앞에, Mr., Miss, Ms. 등을 붙여서 '~ 씨'라는 존칭을 표현해요. 결혼 여부에 관계없이 남성에게는 모두 Mr.를 쓰고, 여성의 경우는 Miss(결혼하지 않은 여성), Mrs.(결혼한 여성)를 구분하여 쓰거나, 모든 여성에게 공통으로 Ms.를 붙여 부를 수 있어요. 한편 결혼한 부부는 남편의 성 앞에 Mr. and Mrs.를 붙여 '~ 씨 부부'라는 의미를 나타내요.

1 윗글에서 두 사람이 달리고 있었던 이유로 알맞은 것은?

① 조깅을 하기 위해서

② 갑자기 급한 일이 생겨서

③ 뒤에서 오는 차들을 피하기 위해서

④ 낯선 사람이 따라오고 있어서

⑤ 설거지할 사람을 정하기 위해서

2 윗글의 밑줄 친 말을 듣고 난 후 Mr. Jones의 심경으로 가장 알맞은 것은?

① 실망한다　　② 후회한다　　③ 안심한다

④ 걱정한다　　⑤ 감동한다

3 다음 빈칸에 공통으로 들어갈 단어를 윗글에서 찾아 쓰시오.

(1) I dropped the ___________ and broke it.

(2) My favorite ___________ is spaghetti.

---

movie theater 영화관　　drive 운전하다(과거형 drove)　　run after ~을 뒤쫓다　　slow down 속도를 늦추다
help 도움　　look back 돌아보다　　keep -ing 계속 ~하다(과거형 kept)　　answer 대답하다　　with a smile 웃으며
add 덧붙여 말하다　　race 경주하다　　loser (경기의) 패자　　wash the dishes 설거지하다　　dish 접시; 요리　　[문] drop
떨어뜨리다(과거형 dropped)　　break 깨다(과거형 broke)

[1행] Mr. and Mrs. Jones **enjoyed watching** a movie: Jones 부부는 영화 보는 것을 즐겼다 (enjoy + 동명사[동사
원형-ing]: ~하는 것을 즐기다)

[2행] **as they drove** home: 그들이 집으로 운전해 갈 때 (as + 주어 + 동사: ~할 때, ~하는 동안에)

GRAMMAR

● 정답 p.45

01 목적어로 쓰이는 동명사

We like **riding** bikes.

우리는 자전거 타는 것을 좋아한다

❶ 동명사(동사원형-ing)는 명사처럼 동사의 목적어로 쓰일 수 있다.

02 동명사를 목적어로 쓰는 동사

I **enjoy playing** computer games.

나는 컴퓨터 게임하는 것을 즐긴다.

❶ enjoy, avoid, finish, practice 등은 동명사만을 목적어로 쓰고, like, love, start, begin 등은
동명사와 to부정사(to+동사원형)를 모두 목적어로 쓸 수 있다.

1 다음 문장의 괄호 안에서 알맞은 것을 고르시오.

(1) I really enjoyed (talked / talking) to you at the party.

(2) Mark finished (to do / doing) his English homework.

(3) I was happy that we both like (ride / riding) bikes.

2 다음 우리말에 맞게 주어진 단어와 어구를 바르게 배열하시오.

(1) 그들은 테니스 치는 것을 즐긴다.

➡ ____ tennis.
(enjoy / playing / they)

(2) 나는 내 친구들과 축구하는 것을 좋아한다.

➡ I ____ with my friends.
(playing / like / soccer)

(3) David는 설거지를 끝마쳤다.

➡ David ____ .
(washing / finished / the dishes)

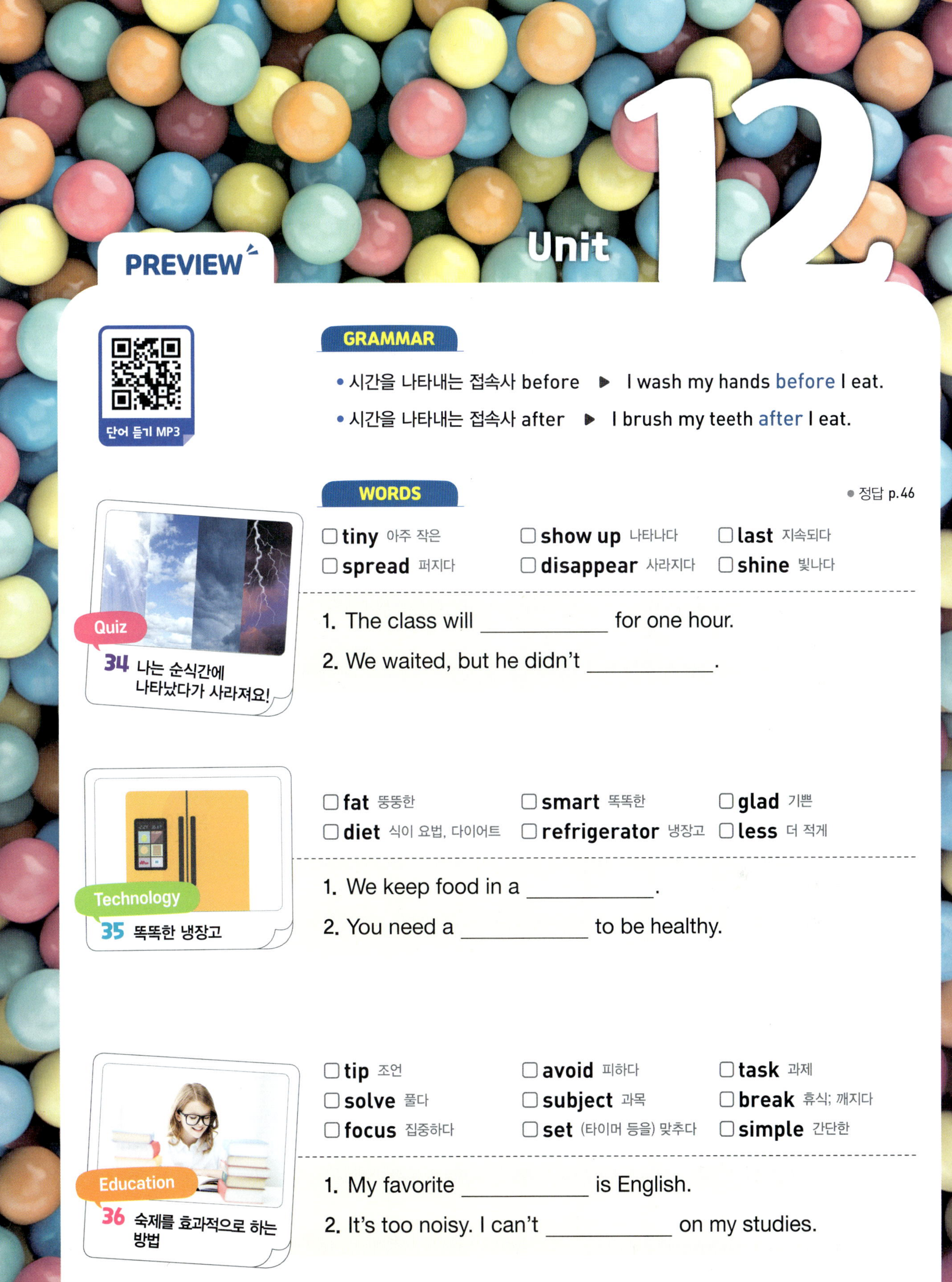

Unit 12

GRAMMAR

- 시간을 나타내는 접속사 before ▶ I wash my hands **before** I eat.
- 시간을 나타내는 접속사 after ▶ I brush my teeth **after** I eat.

WORDS

● 정답 p.46

☐ **tiny** 아주 작은   ☐ **show up** 나타나다   ☐ **last** 지속되다
☐ **spread** 퍼지다   ☐ **disappear** 사라지다   ☐ **shine** 빛나다

1. The class will ___________ for one hour.
2. We waited, but he didn't ___________.

☐ **fat** 뚱뚱한   ☐ **smart** 똑똑한   ☐ **glad** 기쁜
☐ **diet** 식이 요법, 다이어트   ☐ **refrigerator** 냉장고   ☐ **less** 더 적게

1. We keep food in a ___________.
2. You need a ___________ to be healthy.

☐ **tip** 조언   ☐ **avoid** 피하다   ☐ **task** 과제
☐ **solve** 풀다   ☐ **subject** 과목   ☐ **break** 휴식; 깨지다
☐ **focus** 집중하다   ☐ **set** (타이머 등을) 맞추다   ☐ **simple** 간단한

1. My favorite ___________ is English.
2. It's too noisy. I can't ___________ on my studies.

34

Quiz

69 words
Lexile **460L**
★★☆☆☆

After it rains, the sky becomes sunny. However, tiny water drops still float in the sky. I <u>show up</u> when the sun shines on these drops. These water drops turn the sun's ³ light into many colors. Each color spreads across the sky. Then I look like a beautiful bridge. People enjoy seeing me. However, I don't last very long, so you should ⁶ take a picture quickly **before** I disappear.

1 윗글의 'I'가 의미하는 것을 가장 잘 나타낸 것은?

①

②

③

2 윗글의 밑줄 친 show up과 반대되는 의미를 가진 단어를 본문에서 찾아 쓰시오.

____

---

however 하지만 **tiny** 아주 작은 **water drop** 물방울 **still** 여전히 **float** 떠다니다 **show up** 나타나다
shine 빛나다 **turn A into B** A를 B로 바꾸다 **light** 빛 **each** 각각의 **spread** 퍼지다 **across** 가로질러
bridge 다리 **last** 지속되다 **take a picture** 사진을 찍다 **disappear** 사라지다

1행 **After** it rains: 비가 내린 후에 (after + 주어 + 동사: ~ 후에)
4행 **Each color** spreads across the sky.: 각각의 색깔은 하늘을 가로질러 퍼진다. (each + 단수 명사: 각각의 ~)

Technology

71 words
Lexile **380L**
★★★☆☆

Mr. Green was too fat and wanted to be healthy, so he started a diet. But he often forgot and ate too much. He ate pie, cake, and ice cream. Mrs. Green was worried, so she bought a smart refrigerator. After she bought it, something amazing happened. Before Mr. Green opened the refrigerator, it said, "Don't eat. You will get fatter." Now, Mr. Green eats less, and Mrs. Green is glad.

1 윗글에서 Mrs. Green이 냉장고를 새로 구입한 이유로 알맞은 것은?

① 자신의 건강을 위해서 ② 사용하던 냉장고가 고장이 나서

③ 냉장고와 대화하기 위해서 ④ 남편의 과식을 막기 위해서

⑤ 더 많은 음식을 보관하기 위해서

2 다음 의미에 해당하는 단어를 윗글에서 찾아 쓰시오.

> not eating too much food to lose weight

---

fat 뚱뚱한 **healthy** 건강한 **diet** 식이 요법, 다이어트 **forget** 잊다(과거형 forgot) **pie** 파이 **worried** 걱정하는 **buy** 사다(과거형 bought) **smart** 똑똑한 **refrigerator** 냉장고 **happen** 발생하다, 일어나다 **fatter** 더 뚱뚱한 (원급 fat) **less** 더 적게(원급 little) **glad** 기쁜 〔문〕**lose weight** 체중을 줄이다

6행 **Before** Mr. Green opened the refrigerator: Green 씨가 냉장고를 열기 전에 (before + 주어 + 동사: ~ 전에)
8행 **You will get fatter.**: 당신은 더 뚱뚱해질 거예요. (get + 형용사: ~한 상태가 되다)

36

Education

90 words
Lexile 410L
★★★★☆

You get tired when you do a lot of homework. How can you avoid that? Here are some tips. Stop and rest **before** you feel tired. You can rest every 30 minutes. You can also have a simple snack during breaks. (ⓐ) This will give you energy. (ⓑ) Next, you can study different subjects. (ⓒ) For example, study English and then solve math problems. (ⓓ) By doing this, you won't lose interest. (ⓔ) Set it for 15 to 20 minutes for each task. Then you can focus better and work faster.

Did You Know?

숙제에 집중하는 방법 (How to Focus on Your Homework)
1. 컴퓨터나 핸드폰과 같이 방해될 만한 요소들을 먼저 제거하세요.
2. 해야 할 일을 목록(list)으로 작성하고 우선순위(priority)를 정하세요.
3. 숙제가 여러 개인 경우, 각 숙제마다 알맞은 시간을 배분하세요.
4. 어려운 숙제부터 먼저 하는 것이 더 효율적일 수 있어요.
5. 목록에 적힌 일들이 끝날 때마다 체크 표시를 하여
   성취감(sense of accomplishment)을 느껴 보세요.
6. 숙제를 전부 끝낸 한 후에는 자신에게 보상(reward)을 해주며 스스로를 칭찬하세요.

1 윗글에서 언급한 숙제를 효과적으로 하는 방법이 <u>아닌</u> 것은?

① 가능한 한 오래 앉아 있어라.

② 지치기 전에 휴식을 취해라.

③ 휴식 중에 간단한 간식을 먹어라.

④ 여러 과목을 바꿔가며 공부해라.

⑤ 각 과제에 맞게 타이머를 사용해라.

고난도

2 윗글에서 주어진 문장이 들어갈 위치로 가장 알맞은 곳은?

> Finally, use a timer.

① ⓐ   ② ⓑ   ③ ⓒ   ④ ⓓ   ⑤ ⓔ

3 다음 빈칸에 공통으로 들어갈 단어를 윗글에서 찾아 어법에 맞게 고쳐 쓰시오.

(1) Let's have a ___________ after the meeting.

(2) Be careful with the cups. They ___________ easily.

get tired 피곤해지다   avoid 피하다   tip 조언   rest 쉬다, 휴식하다   every 30 minutes 30분 마다
simple 간단한   break 휴식; 깨지다   energy 활력, 에너지   subject 과목   solve 풀다   math 수학
interest 관심, 흥미   set (타이머 등을) 맞추다   task 과제   focus 집중하다   문 finally 마지막으로   use 사용하다
timer 타이머

2행 Here are some tips.: 여기 몇 가지 조언들이 있다. (Here are + 복수 명사 ~.: 여기에 ~들이 있다)
2행 before you feel tired: 당신이 피곤함을 느끼기 전에 (before + 주어 + 동사: ~전에)

GRAMMAR

01 시간을 나타내는 접속사 before

I wash my hands **before** I eat.

나는 식사하기 전에 손을 씻는다.

❶ before는 '~ 전에'를 의미하는 시간을 나타내는 접속사로, 「before + 주어 + 동사」로 쓴다.

02 시간을 나타내는 접속사 after

I brush my teeth **after** I eat.

나는 식사 한 후에 양치질을 한다.

❶ after는 '~ 후에'를 의미하는 시간을 나타내는 접속사로, 「after + 주어 + 동사」로 쓴다.

1 다음 문장의 괄호 안에서 알맞은 것을 고르시오.

(1) (Before / After) it rains, the sky becomes sunny.

(2) Stop and rest (before / after) you feel tired.

(3) Take a picture quickly (before / after) the rainbow disappears.

2 다음 우리말에 맞게 주어진 단어와 어구를 바르게 배열하시오.

(1) 네가 컴퓨터를 사용한 후에는 그것을 꺼라.

➡ Turn off the computer _______________________.

(use it / you / after)

(2) 우리는 저녁을 먹은 후에 TV를 보았다.

➡ We watched TV _______________________.

(after / had dinner / we)

(3) 그는 문을 열기 전에 그 문을 두드렸다.

➡ He knocked on the door _______________________.

(he / opened it / before)

@juzzeny

Photo by @triple_jj.327

Workbook

지문별 어휘 문제 및
전 문장 해석하기

날짜 __________　Score __________ / 12

Word Review

이름 __________　확인 __________

다음 단어나 표현의 의미를 쓰고, 세 번씩 쓰시오.

1 smart

2 worker

3 toy

4 hard

5 clean

6 dirty

7 quickly

8 move

9 heavy

10 upstairs

11 easily

12 moon

Sentence Review

▮ 날짜 __________ ▮ Score _____ /9
▮ 이름 __________ ▮ 확인 __________

● 다음 문장을 나누어진 의미 단위에 따라 해석하시오.

1 I am a smart, strong worker. /

2 I look like a toy, / but I can do a lot of hard work / for people. /

Key Grammar!
3 Do you want / to clean your dirty room? /

4 I can quickly do that / for you. /

Key Grammar!
5 Do you want / to move a heavy box / upstairs? /

6 I can easily do that / for you. /

7 And / here is the best thing. /

8 I can even go to the moon, / just like a rocket. /

9 Actually, / I can do anything in the world! /

Word Review

날짜 __________　Score _______ / 12
이름 __________　확인 __________

다음 단어나 표현의 의미를 쓰고, 세 번씩 쓰시오.

1 into

2 backyard

3 kick

4 hard

5 fly

6 open

7 next door

8 soon

9 ask

10 break

11 calmly

12 with a smile

Sentence Review

날짜 __________　　Score __________ /7
이름 __________　　확인 __________

- 다음 문장을 나누어진 의미 단위에 따라 해석하시오.

1 Two boys were playing / with a ball / in the backyard. /

2 One boy kicked the ball hard, / and it flew into an open window / in the house next door. /

3 Soon, / a man came out of the house / with the ball. /

4 He asked the boys, / "Is this your ball?" /

Key Grammar!
5 One boy asked, / "Did that ball break anything?" /

6 "No," / said the man / calmly. /

7 "Then, yes, / it's mine," / said the boy / with a smile. /

Word Review

날짜 __________   Score __________ / 12
이름 __________   확인 __________

 다음 단어나 표현의 의미를 쓰고, 세 번씩 쓰시오.

1 date

2 subject

3 amazing

4 invention

5 news

6 inventor

7 take

8 Mars

9 wonderful

10 take a walk

11 rocket

12 hope

Sentence Review

날짜 __________　　Score _______ /10
이름 __________　　확인 __________

다음 문장을 나누어진 의미 단위에 따라 해석하시오.

1 I read / about your amazing invention, Starship, / in the news. /

2 I think / you're a great inventor. /

3 I have a question / about your invention. /

4 Can Starship take people / to Mars? /

5 I hope / it can do that, / and it'll be wonderful! /

6 I have one more question. /

Key Grammar!
7 Do you think / I can take my dog Max / to Mars? /

8 I really want / to take a walk / with him / on Mars! /

9 Thank you / for making the rocket. /

10 I hope / to hear from you / soon! /

Word Review

날짜 __________ Score _______ / 12
이름 __________ 확인 __________

다음 단어나 표현의 의미를 쓰고, 세 번씩 쓰시오.

1 flow

2 strong

3 die

4 material

5 millions of

6 use

7 in fact

8 poor

9 throw ~ away

10 ocean

11 light

12 because of

Sentence Review

날짜 __________   Score ______ /9
이름 __________   확인 __________

다음 문장을 나누어진 의미 단위에 따라 해석하시오.

1 I am a light and strong material. /

2 People make cups, bottles, and boxes / from me. /

3 However, / people throw me away / after they use me. /

4 Then I flow / into rivers and oceans. /

5 There, / I look like food, / so some fish eat me. /

6 This makes them sick. /

7 In fact, / millions of fish die / because of me. / Poor fish! /

Key Grammar!
8 If you keep throwing me away, / I **will** make all rivers and oceans dirty. /

Key Grammar!
9 No fish **will** live / there. /

Word Review

날짜 __________　Score _______ / 12
이름 __________　확인 __________

다음 단어나 표현의 의미를 쓰고, 세 번씩 쓰시오.

1 have

2 raise

3 farm

4 delighted

5 every day

6 happen

7 idea

8 think

9 cow

10 begin

11 nice

12 interesting

Sentence Review

날짜 __________　　Score ______ /8
이름 __________　　확인 __________

다음 문장을 나누어진 의미 단위에 따라 해석하시오.

1 Helen raised some cows / on a farm. /

2 She loved them / very much. /

3 One day, / she had an interesting idea. /

Key Grammar!
4 She thought, / "I **will** sing for my cows. / What **will** happen?" /

5 Helen began to sing / to the cows / every day. /

6 Soon, / something wonderful / happened. /

7 The cows started / to give more milk! /

8 Helen was delighted / and said, / "I'm nice to my cows, / and now / the cows are nice to me!" /

Word Review

날짜 _________   Score _______ / 12
이름 _________   확인 _________

● 다음 단어나 표현의 의미를 쓰고, 세 번씩 쓰시오.

1 fantastic

2 truly

3 job

4 tiny

5 imagine

6 learn

7 future

8 brain

9 put

10 dream

11 skill

12 download

Sentence Review

| 날짜 __________　| Score ______ / 10
| 이름 __________　| 확인 __________

다음 문장을 나누어진 의미 단위에 따라 해석하시오.

Key Grammar!
1 In the future, / you **will** live / in an amazing world. /

Key Grammar!
2 You **won't** go to school. / And you **won't** learn / from school teachers. /

Key Grammar!
3 But you **will** learn things quickly. / How can you do that? /

4 In the future, / you can put a tiny computer / in your brain. /

Key Grammar!
5 The computer **will** do a great job. / It can download new skills quickly. /

6 Do you want / to learn the piano? / You can download piano skills. /

Key Grammar!
7 Then you **will** be a pianist / right away. / Do you want / to cook well? /

8 You can download cooking skills / and become a chef. /

9 Or do you dream / of flying a plane? / Then download flying skills / and become a pilot. /

Key Grammar!
10 Just imagine that. / Your future **will** truly be fantastic! /

Word Review

▌날짜 __________   ▌Score ________ / 12
▌이름 __________   ▌확인 __________

🔵 다음 단어나 표현의 의미를 쓰고, 세 번씩 쓰시오.

1 thorn

2 come in

3 sharp

4 color

5 hurt

6 foot

7 show

8 gift

9 beautiful

10 life

11 watch out

12 special

Sentence Review

❙ 날짜 __________　❙ Score __________ /9
❙ 이름 __________　❙ 확인 __________

● 다음 문장을 나누어진 의미 단위에 따라 해석하시오.

1 I am very beautiful. /

2 I come in many colors, / and some of my friends are red, pink, and white. /

Key Grammar!
3 People love me / because I look pretty / and smell nice.

4 Do you have someone special / in your life? /

5 I can be a nice gift / for that person. /

6 Do you love someone? /

7 I can help you show it. /

8 But watch out! /

9 My thorns are sharp / and they can hurt you. /

Word Review

날짜 __________   Score __________ / 12
이름 __________   확인 __________

다음 단어나 표현의 의미를 쓰고, 세 번씩 쓰시오.

1 minute

2 health

3 wait

4 change

5 cut

6 bandage

7 put

8 get better

9 finger

10 sick

11 bleed

12 skin

Sentence Review

▌날짜 __________   ▌Score _______ / 10
▌이름 __________   ▌확인 __________

● 다음 문장을 나누어진 의미 단위에 따라 해석하시오.

1 One day, / you cut your finger, / and it starts / to bleed. /

2 What can you do? /

3 You can put a bandage / on it. /

4 But wait a minute! /

5 There is a special bandage. /

6 This special bandage changes colors. /

Key Grammar!
7 It looks red / on sick skin. /

Key Grammar!
8 But / it looks blue / when the skin gets better. /

9 How amazing! /

10 It can tell you / about your skin's health, / just like a doctor. /

Word Review

날짜 __________ | Score _______ / 12
이름 __________ | 확인 __________

━ 다음 단어나 표현의 의미를 쓰고, 세 번씩 쓰시오.

1 loving

2 find

3 bed

4 adopt

5 friendship

6 easy

7 stay

8 luckily

9 blind

10 stray

11 street

12 care for

Sentence Review

▬ 다음 문장을 나누어진 의미 단위에 따라 해석하시오.

1 On a street / in the U.K., / there were two stray dogs. /

2 One of the dogs, Glenn, / was blind. / But that was okay. /

3 The other dog, Buzz, / was always with him. /

4 Buzz helped Glenn / find food and a bed. / Glenn also loved Buzz / very much. /

Key Grammar!
5 Living on the street / was not easy, / but they felt happy / together. /

Key Grammar!
6 People heard / about their friendship. / They felt sad / for them. /

7 Some wanted / to adopt Buzz. / Others wanted / to care for Glenn. /

8 However, / Glenn and Buzz needed / to stay together. /

9 Luckily, / an animal center found a new home / for them. /

10 Now, / Glenn and Buzz live together / in a safe, loving home. /

10 나는 따라쟁이!

Word Review

다음 단어나 표현의 의미를 쓰고, 세 번씩 쓰시오.

1 copy

2 sunny

3 action

4 noon

5 move

6 dark

7 hide

8 voice

9 shape

10 touch

11 late

12 appear

Sentence Review

| 날짜 __________ | Score _______ /9 |
| 이름 __________ | 확인 __________ |

━ 다음 문장을 나누어진 의미 단위에 따라 해석하시오.

1 I am a dark shape, / and I am always with you. /

2 But you can never hear my voice. /

3 And you can never touch me. /

4 When you move, / I move. /

5 When you stop, / I stop. /

6 I copy your shapes and actions. /

Key Grammar!
7 I appear / when **there is** light / or when it is sunny. /

Key Grammar!
8 But I hide / when **there is** no light / or when it is cloudy. /

9 I'm short / at noon, / but I become tall / in the late afternoon. /

11 사자로부터 소를 지킨 아이디어

Word Review

● 다음 단어나 표현의 의미를 쓰고, 세 번씩 쓰시오.

1 smart

2 hip

3 idea

4 hunt

5 problem

6 scared

7 scary

8 get

9 run away

10 try

11 paint

12 monster

Sentence Review

날짜 __________   Score __________ / 10
이름 __________   확인 __________

다음 문장을 나누어진 의미 단위에 따라 해석하시오.

Key Grammar!

1 **There are** many farms / in Africa. /

2 These farms have a lot of cows. /

3 But they had a problem / in the past. /

4 Lions tried / to hunt the cows. /

5 The farmers were worried / about this. /

6 Then they had a smart idea. /

7 The farmers painted big eyes / on the cows' hips. /

8 Their hips looked like scary monsters! /

9 When the lions saw these eyes, / they got scared / and ran away. /

10 Now / the cows are safe. /

Word Review

날짜 __________ Score __________ / 12
이름 __________ 확인 __________

다음 단어나 표현의 의미를 쓰고, 세 번씩 쓰시오.

1 take

2 realize

3 weather

4 leave

5 windy

6 shorts

7 brightly

8 shine

9 chilly

10 predict

11 trick

12 wrong

Sentence Review

● 다음 문장을 나누어진 의미 단위에 따라 해석하시오.

1　One day, / the sky was very cloudy. /

2　I took an umbrella / when I went outside. /

Key Grammar!
3　However, / it was fine all day. / The next day, / it was sunny and clear. /

4　So I left my umbrella / at home. /

Key Grammar!
5　In the afternoon, / however, / it started to rain hard. /

6　This morning, / the sun was shining / brightly. /

Key Grammar!
7　It was going to be hot / today. / So I wore my shorts / to school. /

Key Grammar!
8　But I was wrong again. / It became windy and chilly. /

9　Because of this, / I realized something / about the weather. /

10　It always plays tricks / on me! /

Word Review

날짜 _________   Score _______ / 12
이름 _________   확인 _________

━━ 다음 단어나 표현의 의미를 쓰고, 세 번씩 쓰시오.

1 air

2 gas

3 flat

4 round

5 float

6 fat

7 blow

8 careful

9 at first

10 festival

11 celebrate

12 burst

Sentence Review

| 날짜 __________ | Score ______ /10 |
| 이름 __________ | 확인 __________ |

다음 문장을 나누어진 의미 단위에 따라 해석하시오.

1 At first, / I'm just small and flat. /

Key Grammar!
2 **Blow** air or gas / into me, / and I become round and fat. /

3 I can also float / into the sky. /

4 People celebrate parties and festivals / with me. /

5 You can also find me / at an amusement park. /

6 Children enjoy / playing with me. /

Key Grammar!
7 But **be careful**! /

Key Grammar!
8 **Don't touch** me / with sharp things. /

9 I burst / very easily. /

10 And when I burst, / everyone is surprised! /

Word Review

날짜 __________ Score __________ / 12
이름 __________ 확인 __________

다음 단어나 표현의 의미를 쓰고, 세 번씩 쓰시오.

1 sink

2 choose

3 top

4 put

5 stay

6 bottom

7 way

8 fresh

9 rotten

10 inside

11 middle

12 fill

Sentence Review

날짜 __________   Score __________ /8
이름 __________   확인 __________

다음 문장을 나누어진 의미 단위에 따라 해석하시오.

1 Can you choose fresh eggs? /

2 There is an easy way / to do it. /

Key Grammar!
3 Fill a bowl / with cold water / and put an egg / into it. /

4 A fresh egg is heavy, / so it sinks / to the bottom. /

5 A rotten egg has gases / inside, / so it comes / to the top of the water. /

6 What about a 2-week-old egg? /

7 The egg doesn't sink or float. /

8 Instead, / it stays / in the middle. /

Word Review

날짜 ___________   Score _______ /12
이름 ___________   확인 ___________

다음 단어나 표현의 의미를 쓰고, 세 번씩 쓰시오.

1 healthy

2 pick

3 fatty

4 soft

5 sugary

6 loud

7 restaurant

8 excited

9 junk food

10 important

11 calm

12 certain

Sentence Review

날짜 ___________　Score _______ / 10
이름 ___________　확인 ___________

다음 문장을 나누어진 의미 단위에 따라 해석하시오.

1 Restaurants usually play music. /

2 You may not know it, / but the music is very important / to people's health. /

3 Do you know why? / Music can make people pick certain food. /

4 Is the music fast and loud? / Then people feel excited. /

5 And they often choose junk food. / They may choose fatty food or sugary food. /

6 Is the music soft and slow? / Then people feel calm. /

7 And they often pick healthy food. / They may choose salads or fish. /

8 It shows / that music is important / for good health. /

9 Do you want / to be healthy? /

Key Grammar!
10 Then **choose** a quiet restaurant / and **enjoy** slow music. /

Word Review

날짜 ___________   Score _______ / 12

이름 ___________   확인 ___________

다음 단어나 표현의 의미를 쓰고, 세 번씩 쓰시오.

1 magic

2 parent

3 secret

4 password

5 use

6 safe

7 key

8 website

9 keep

10 email

11 internet

12 file

Sentence Review

날짜 __________　　Score ______ / 9
이름 __________　　확인 __________

다음 문장을 나누어진 의미 단위에 따라 해석하시오.

1 You keep a diary / on the computer / in the living room. /

2 But your parents or sister can use that computer. /

Key Grammar!
3 They **may** read your diary. /

4 You are worried / about it. /

Key Grammar!
5 What **should** you do? /

Key Grammar!
6 You **should** use me / for your files! /

7 I am a secret word, / like a magic key. /

8 If people don't know me, / they can't open your files. /

9 I will keep them safe. /

Word Review

날짜 ____________   Score ________ / 12
이름 ____________   확인 ____________

⬤ 다음 단어나 표현의 의미를 쓰고, 세 번씩 쓰시오.

1 together

2 for fun

3 trick

4 chew

5 each other

6 swallow

7 hunt

8 in groups

9 chase

10 in the air

11 attack

12 out ot

Sentence Review

날짜 __________   Score __________ / 8
이름 __________   확인 __________

다음 문장을 나누어진 의미 단위에 따라 해석하시오.

1 Dolphins hunt / in groups. /

2 When they find a fish, / they attack it / together. /

3 Dolphins can't chew their food. /

Key Grammar!
4 So they **must** swallow it / quickly. /

5 If they don't, / the fish will swim away. /

6 Dolphins also like / to play together. /

7 They jump / out of the water / and do tricks / in the air. /

8 They often chase each other / for fun. /

18 검은 고양이에 관한 미신

Word Review

날짜 __________   Score __________ / 12

이름 __________   확인 __________

다음 단어나 표현의 의미를 쓰고, 세 번씩 쓰시오.

1 lucky

2 pass by

3 lose

4 mean

5 luck

6 get

7 unlucky

8 believe

9 different

10 country

11 street

12 suddenly

Sentence Review

| 날짜 __________ | Score _______ / 10 |
| 이름 __________ | 확인 __________ |

● 다음 문장을 나누어진 의미 단위에 따라 해석하시오.

1 You are walking down the street. / Suddenly, / a black cat quickly passes by. /

2 Is that good or bad? / In Scotland, / some people think / it is a good thing. /

3 They believe / that seeing a black cat is lucky. /

Key Grammar!
4 They say / you **may** get a lot of money / or make a new friend. /

5 But in America, / it is very different. /

Key Grammar!
6 Americans believe / a black cat **may** bring bad luck. /

Key Grammar!
7 They say / you **may** lose money / or have problems. /

Key Grammar!
8 So they say / you **must** be careful. /

9 Seeing a black cat / means different things / in different countries. /

10 Isn't that interesting? /

Word Review

19 배달도 농사도 문제없어요!

날짜 __________ Score __________ /12

이름 __________ 확인 __________

다음 단어나 표현의 의미를 쓰고, 세 번씩 쓰시오.

1 alone

2 pilot

3 neighbor

4 plant

5 take a picture

6 airplane

7 deliver

8 water

9 town

10 fly

11 take

12 without

Sentence Review

날짜 __________   Score _______ /8
이름 __________   확인 __________

다음 문장을 나누어진 의미 단위에 따라 해석하시오.

1 I do many things / for people. /

2 Yesterday, / I flew to another town / to deliver boxes. /

3 Then / I delivered pizza and coffee / to my neighbor. /

Key Grammar!
4 Now, / I am watering plants / on a farm / from above. /

Key Grammar!
5 And / my friend is taking pictures of the farm / from the sky. /

6 Do you think / I'm an airplane? /

7 No, I'm not. /

8 I fly alone / without a pilot. /

Word Review

날짜 ___________   Score ______ / 12
이름 ___________   확인 ___________

다음 단어나 표현의 의미를 쓰고, 세 번씩 쓰시오.

1 look at

2 face

3 pass

4 cute

5 back

6 head

7 note

8 shout

9 still

10 laugh

11 blackboard

12 sunflower

Sentence Review

▌ 날짜 __________   ▌ Score ______ /9
▌ 이름 __________   ▌ 확인 __________

다음 문장을 나누어진 의미 단위에 따라 해석하시오.

1 Miss Olivia has eyes and ears / in the back of her head. /

Key Grammar!
2 She **is writing** / on the blackboard. /

Key Grammar!
3 So she **is facing** the blackboard. /

4 Tom passes me a note. /

5 Just then / Miss Olivia says, / "Don't pass notes / to each other." /

6 How does she know? /

Key Grammar!
7 She **is** still **looking** at the blackboard! /

8 Jack looks at us / and laughs. /

9 Then Miss Olivia shouts, / "Don't laugh, / Jack!" /

Word Review

날짜 __________   Score __________ / 12
이름 __________   확인 __________

다음 단어나 표현의 의미를 쓰고, 세 번씩 쓰시오.

1 draw

2 closed

3 be afraid of

4 stay

5 bent

6 finish

7 hide

8 weakness

9 brave

10 silent

11 wise

12 artist

Sentence Review

날짜 __________   Score ______ / 10
이름 __________   확인 __________

다음 문장을 나누어진 의미 단위에 따라 해석하시오.

1 Once upon a time, / there was a scary king. /

2 The king had only one eye and one leg, / so people were afraid of him. /

3 One day, / the king wanted a picture of himself. /

4 He told many artists / to draw one. /

5 Most artists stayed silent / because they were scared. /

6 Only one artist bravely said yes. / A few days later, / he finished the picture. /

Key Grammar!
7 In the picture, / the king was hunting. /

8 And / his one eye was closed / and his one leg was bent. /

9 The picture showed a brave king, / and it also hid his weakness well. / How wise! /

10 The king was very pleased / and gave a lot of gold / to the artist. /

22 난 언젠가 날 거야!

Word Review

날짜 __________ Score __________ / 12
이름 __________ 확인 __________

다음 단어나 표현의 의미를 쓰고, 세 번씩 쓰시오.

1 above

2 crawl

3 dream

4 wing

5 high

6 leg

7 colorful

8 hair

9 come true

10 move

11 garden

12 hope

Sentence Review

날짜 __________   Score __________ /8
이름 __________   확인 __________

다음 문장을 나누어진 의미 단위에 따라 해석하시오.

1 I live / in a beautiful garden. /

2 I have a lot of legs and hair, / so I may look scary. /

3 I crawl / on green leaves / and eat them. /

4 I sometimes eat flowers, too. /

5 I have a big dream. /

Key Grammar!
6 I dream / that I have large, beautiful wings. /

7 With wings, / I can fly high / above colorful flowers / in the garden. /

Key Grammar!
8 I hope / that my dream will come true / soon. /

Word Review

| 날짜 __________ | Score __________ / 12 |
| 이름 __________ | 확인 __________ |

다음 단어나 표현의 의미를 쓰고, 세 번씩 쓰시오.

1 makeup

2 skin

3 good point

4 proud

5 exercise

6 weak point

7 inside and out

8 teenager

9 hide

10 better

11 show off

12 wear

Sentence Review

날짜 __________　　Score ______ /9
이름 __________　　확인 __________

다음 문장을 나누어진 의미 단위에 따라 해석하시오.

1 Today, / many teenagers enjoy / wearing makeup. / Why? /

2 Because it makes them feel good. /

3 When they wear makeup, / they can show off their good points. /

4 They can also hide their weak points. /

5 However, / some people are worried. /

Key Grammar!
6 They think / makeup is bad / for teenagers' young skin. /

7 They say, / "Eat good food and exercise. /

8 This will make you beautiful / inside and out. /

9 It is better / than makeup." /

Word Review

날짜 __________   Score _______ / 12
이름 __________   확인 __________

다음 단어나 표현의 의미를 쓰고, 세 번씩 쓰시오.

1 work

2 make money

3 actor

4 succeed

5 sadly

6 star

7 famous

8 talent

9 job

10 truth

11 enough

12 hard work

Sentence Review

날짜 __________　Score __________ /10
이름 __________　확인 __________

다음 문장을 나누어진 의미 단위에 따라 해석하시오.

1 Many kids want / to become famous. /

Key Grammar!
2 They think / that singers and actors are cool. /

Key Grammar!
3 Some kids believe / that they make a lot of money. /

4 So / from a young age, / they dream / of becoming one. /

5 However, / they may not know the truth. / Becoming a star / is very hard work. /

6 First, / you must have great talent. / You must also work / really hard. /

7 Sadly, / only a few people succeed. /

8 And / many of them / don't make enough money. /

9 They often need another job. / Being a star / is never easy. /

10 Do you still dream / about it? /

Word Review

날짜 ___________ Score ________ / 12

이름 ___________ 확인 ___________

● 다음 단어나 표현의 의미를 쓰고, 세 번씩 쓰시오.

1 snack

2 machine

3 share

4 flavor

5 yummy

6 store

7 bucket

8 cinema

9 cook

10 fun

11 salty

12 pop

25 난 항상 영화와 단짝이지!

Sentence Review

날짜 __________ Score _____ /7
이름 __________ 확인 __________

● 다음 문장을 나누어진 의미 단위에 따라 해석하시오.

1 I'm a yummy snack. /

Key Grammar!
2 I come in big buckets / at the cinema, / and everyone likes / **to share** me. /

3 You can find me / in different colors and flavors / at stores, too. /

4 I can be sweet or salty. /

5 People cook me / in a special machine / or on the stove. /

6 Making me / is really fun. /

7 Why? / Because I POP! /

Word Review

날짜 __________ | Score _______ / 12
이름 __________ | 확인 __________

다음 단어나 표현의 의미를 쓰고, 세 번씩 쓰시오.

1 wear

2 old

3 better

4 help

5 hear

6 delicious

7 swim

8 meal

9 glasses

10 pool

11 find

12 grow big

Sentence Review

▌날짜 __________　▌Score ______ /8
▌이름 __________　▌확인 __________

● 다음 문장을 나누어진 의미 단위에 따라 해석하시오.

1 There were old penguins / at the zoo. /

2 The penguins couldn't see / well. /

Key Grammar!
3 The zoo wanted / to help them, / so they did / something special. /

4 The zoo made glasses / for them! /

5 After the penguins wore the glasses, / they could see better. /

Key Grammar!
6 Now, / they love / to wear the glasses. /

7 The penguins easily find small fish / in their pool. /

8 They enjoy delicious meals / every day. /

Word Review

날짜 __________   Score __________ / 12
이름 __________   확인 __________

다음 단어나 표현의 의미를 쓰고, 세 번씩 쓰시오.

1 power		
2 enemy		
3 cut		
4 cry		
5 once		
6 weak		
7 fight		
8 mistake		
9 wake up		
10 realize		
11 plan		
12 be scared of		

Sentence Review

날짜 __________   Score ______ / 10
이름 __________   확인 __________

다음 문장을 나누어진 의미 단위에 따라 해석하시오.

1 There once lived / a very strong man / in Israel. / His name was Samson. /

2 He could fight big lions. / His enemies were very scared of him, / so they made a plan. /

Key Grammar!
3 The plan was to make Samson weak. /

4 They sent a beautiful woman, Delilah, / to Samson. /

5 Samson fell in love with her. /

Key Grammar!
6 They started / to live together. / One day, / he told her his secret. /

7 He said, / "My power comes / from my long hair." /

8 That night, / while Samson was sleeping, / Delilah cut his hair. /

9 So Samson lost his power. / The next morning, / he woke up / and found out about it. /

10 He realized his mistake / and cried out loud. /

Word Review

▌날짜 __________　▌Score ______ / 12
▌이름 __________　▌확인 __________

━━ 다음 단어나 표현의 의미를 쓰고, 세 번씩 쓰시오.

1 fur

2 favorite

3 climb

4 branch

5 copy

6 jump

7 way

8 grab

9 easy

10 human

11 hobby

12 action

Sentence Review

날짜 __________ | Score ______ / 10
이름 __________ | 확인 __________

다음 문장을 나누어진 의미 단위에 따라 해석하시오.

1 I have strong arms and legs, / so I can climb trees / very well. /

Key Grammar!
2 Jumping from tree to tree / is easy / for me. /

3 I also have a long tail. /

4 It helps me / grab the tree branches. /

5 Fruits are my favorite snack. /

6 I eat bananas, mangoes, and papayas. /

7 I look like a human, / but my body has soft fur / all over. /

8 I love copying human actions. /

9 It's not just my hobby. /

10 It's my way / of learning new things. /

Word Review

날짜 __________   Score __________ / 12
이름 __________   확인 __________

━━ 다음 단어나 표현의 의미를 쓰고, 세 번씩 쓰시오.

1 remember

2 method

3 review

4 hour

5 try

6 about

7 hard

8 move

9 keep

10 forget

11 information

12 take a break

Sentence Review

다음 문장을 나누어진 의미 단위에 따라 해석하시오.

Key Grammar!

1 Learning new things / is very hard. /

2 Some scientists say / we forget about 60% of them / in one hour. /

3 After a day, / we remember only about 30%. /

4 Do you want / to remember more? /

5 Try this: / Review / right after learning. /

6 Review again / 20 minutes later. /

7 Then, / take a break. /

8 Review again / the next day. /

9 This method keeps your memory strong. / Why? /

10 It moves the information / into your long-term memory. /

Word Review

날짜 __________　　Score __________ / 12
이름 __________　　확인 __________

다음 단어나 표현의 의미를 쓰고, 세 번씩 쓰시오.

1 guess

2 lip

3 popular

4 strange

5 move

6 winner

7 real

8 busy

9 challenge

10 favorite

11 pretend

12 run out

Sentence Review

날짜 __________   Score ______ /10
이름 __________   확인 __________

다음 문장을 나누어진 의미 단위에 따라 해석하시오.

Key Grammar!

1 Watching short videos / on YouTube / is very popular / now. / Why? /

2 Today, / people are so busy. / They don't have time / to watch long videos. /

3 One of their favorite types / is dance videos. /

4 In these videos, / kids dance to cool music. /

5 They pretend / to sing and dance / like stars. / But they don't actually sing. /

6 They just move their lips, / but it looks real. /

7 Another popular type of video is challenge videos. / These are like games. /

8 There, / kids do funny things, / like eating strange food and racing. /

9 They try / to finish / before the time runs out. / Who will win? /

10 Guessing the winner / is fun. / These videos are exciting / and make us laugh. /

Word Review

다음 단어나 표현의 의미를 쓰고, 세 번씩 쓰시오.

1 leave

2 cone

3 melt

4 various

5 flavor

6 delicious

7 mint

8 soft

9 serve

10 caramel

11 lick

12 in the sun

Sentence Review

날짜 __________   Score ______ /9
이름 __________   확인 __________

다음 문장을 나누어진 의미 단위에 따라 해석하시오.

1 I am a delicious snack. /

2 I am soft and sweet. /

3 I have various flavors / like vanilla and chocolate. /

4 There are mint and caramel flavors, too. /

5 You can find me / at many stores. /

6 People serve me / in a cup or cone. /

Key Grammar!
7 They **enjoy licking** me. /

8 You must eat me / quickly, / or I will melt. /

9 And you should not leave me / in the sun. /

Word Review

날짜 ___________   Score ________ / 12
이름 ___________   확인 ___________

다음 단어나 표현의 의미를 쓰고, 세 번씩 쓰시오.

1 birthday

2 enjoy

3 ride

4 interested

5 share

6 same

7 hobby

8 by the way

9 free

10 Saturday

11 go bike riding

12 join

Sentence Review

날짜 __________　Score __________ /7
이름 __________　확인 __________

다음 문장을 나누어진 의미 단위에 따라 해석하시오.

1 Hey, Sarah, / It's Jack / from Paul's birthday party. /

Key Grammar!
2 I really **enjoyed talking** to you / at the party / and was happy / to hear / that you **like riding** bikes. /

3 I love bikes too. / It's cool! /

4 We share the same hobby! /

5 By the way, / are you free / this Saturday? /

6 Paul and I are going bike riding / in Central Park, / and it will be fun / if you join us. /

7 Please let me know / if you're interested! / Thanks! /

Word Review

날짜 ___________　Score _______ / 12
이름 ___________　확인 ___________

다음 단어나 표현의 의미를 쓰고, 세 번씩 쓰시오.

1 loser

2 keep -ing

3 race

4 run after

5 answer

6 add

7 help

8 look back

9 wash the dishes

10 slow down

11 movie theater

12 drive

Sentence Review

날짜 __________   Score ______ /7
이름 __________   확인 __________

다음 문장을 나누어진 의미 단위에 따라 해석하시오.

Key Grammar!

1 Every Saturday night, / Mr. and Mrs. Jones **enjoyed watching** a movie / at a movie theater. /

2 One night, / as they drove home, / they saw a man / running after a woman. /

3 Mr. Jones was worried / about her. /

4 He slowed down the car / and asked, / "Do you need any help?" /

5 The woman looked back / but kept running. /

6 "No, thank you," / she answered / with a smile. /

7 She added, / "We race home / after watching a movie. / The loser washes the dishes!" /

34 나는 순식간에 나타났다가 사라져요!

Word Review

▌날짜 __________ ▌Score ______ / 12
▌이름 __________ ▌확인 __________

● 다음 단어나 표현의 의미를 쓰고, 세 번씩 쓰시오.

1 across		
2 each		
3 show up		
4 bridge		
5 float		
6 water drop		
7 light		
8 shine		
9 disappear		
10 tiny		
11 last		
12 spread		

Sentence Review

날짜 __________ Score ______ /8
이름 __________ 확인 __________

다음 문장을 나누어진 의미 단위에 따라 해석하시오.

Key Grammar!

1 After it rains, / the sky becomes sunny. /

2 However, / tiny water drops still float / in the sky. /

3 I show up / when the sun shines / on these drops. /

4 These water drops turn the sun's light / into many colors. /

5 Each color spreads / across the sky. /

6 Then / I look like a beautiful bridge. /

7 People enjoy / seeing me. /

Key Grammar!

8 However, / I don't last very long, / so you should take a picture / quickly /
before I disappear. /

Word Review

날짜 __________ Score __________ / 12
이름 __________ 확인 __________

다음 단어나 표현의 의미를 쓰고, 세 번씩 쓰시오.

	단어	의미			
1	worried				
2	healthy				
3	glad				
4	refrigerator				
5	fat				
6	less				
7	smart				
8	fatter				
9	buy				
10	diet				
11	forget				
12	lose weight				

Sentence Review

날짜 __________   Score __________ /7
이름 __________   확인 __________

다음 문장을 나누어진 의미 단위에 따라 해석하시오.

1 Mr. Green was too fat / and wanted to be healthy, / so he started a diet. /

2 But he often forgot / and ate too much. /

3 He ate pie, cake, and ice cream. /

4 Mrs. Green was worried, / so she bought a smart refrigerator. /

Key Grammar!
5 **After** she bought it, / something amazing happened. /

Key Grammar!
6 **Before** Mr. Green opened the refrigerator, / it said, / "Don't eat. / You will get fatter." /

7 Now, / Mr. Green eats less, / and Mrs. Green is glad. /

Word Review

날짜 __________   Score _______ / 12
이름 __________   확인 __________

다음 단어나 표현의 의미를 쓰고, 세 번씩 쓰시오.

1	break
2	energy
3	avoid
4	get tired
5	solve
6	focus
7	tip
8	math
9	task
10	subject
11	simple
12	set

Sentence Review

날짜 __________   Score ______ / 10
이름 __________   확인 __________

다음 문장을 나누어진 의미 단위에 따라 해석하시오.

1 You get tired / when you do a lot of homework. /

2 How can you avoid that? /

Key Grammar!
3 Here are some tips. / Stop and rest / before you feel tired. /

4 You can rest / every 30 minutes. /

5 You can also have a simple snack / during breaks. /

6 This will give you energy. / Next, / you can study different subjects. /

7 For example, / study English / and then solve math problems. /

8 By doing this, / you won't lose interest. /

9 Finally, / use a timer. / Set it / for 15 to 20 minutes / for each task. /

10 Then / you can focus better / and work faster. /

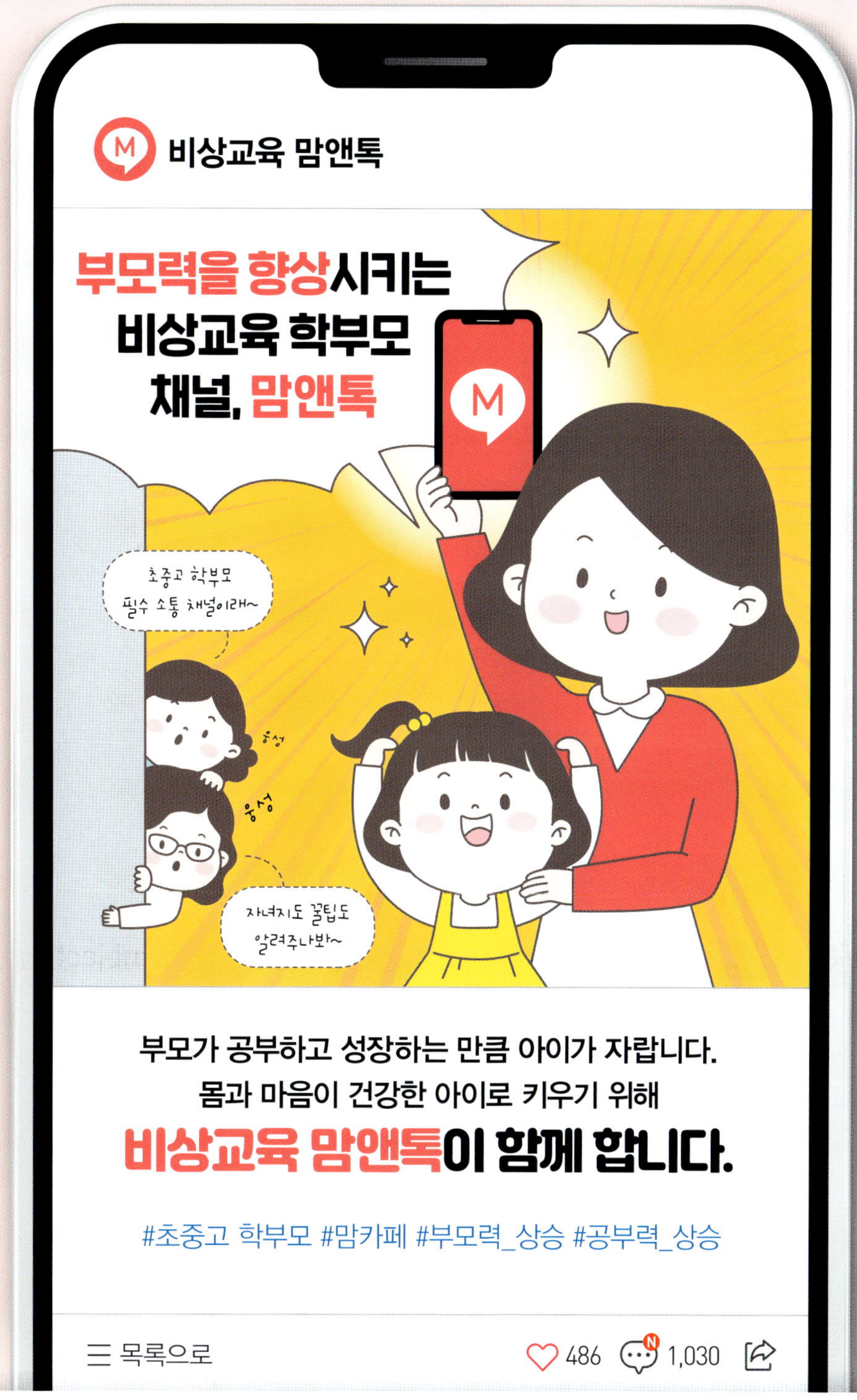

비상교육 맘앤톡
부모력을 향상시키는 비상교육 학부모 채널, 맘앤톡
초중고 학부모 필수 소통 채널이래~
웅성
웅성
자녀지도 꿀팁도 알려주나봐~
부모가 공부하고 성장하는 만큼 아이가 자랍니다.
몸과 마음이 건강한 아이로 키우기 위해
비상교육 맘앤톡이 함께 합니다.
#초중고 학부모 #맘카페 #부모력_상승 #공부력_상승
목록으로
486
1,030

Photo by @triple_jj.327

정답 및 해설

책 속의 가접 별책 (특허 제 0557442호)
'정답과 해설'은 본책에서 쉽게 분리할 수 있도록 제작되었으므로
유통 과정에서 분리될 수 있으나 파본이 아닌 정상제품입니다.

visang

pionada
visang

정답 및 해설

Level 1

리·더·스·뱅·크

Reader's Bank

문제 정답　**01** 1. clean　2. dirty　　**02** 1. kick　2. open　　**03** 1. inventor　2. hope

문제 해석　**01** 1. 나는 매일 내 방을 청소한다.
　　　　　　2. 그는 그의 더러운 양말을 세탁했다.
　　　　　02 1. 나는 공을 정말 잘 찰 수 있다.
　　　　　　2. 그 침실 창문이 밤새 열려 있었다.
　　　　　03 1. Edison은 훌륭한 발명가였다.
　　　　　　2. 나는 의사가 되기를 희망한다.

01　힘든 일은 저에게 시키세요!　　14쪽

문제 정답　**1** ②　　**2** move

문제 해설　**1** 장난감처럼 생겼고(look like a toy), 지저분한 방을 청소할 수 있으며(clean your dirty room), 무거운 물건을 옮길 수 있다(move a heavy box)고 했으므로, I는 로봇(robot)임을 알 수 있다.
　　　　　2 Do you want to move a heavy box upstairs?의 move(옮기다; 움직이다)가 문맥상 알맞다.
　　　　　(1) 나는 혼자서 그 탁자를 옮길 수 없다.
　　　　　(2) 멈춰! 움직이지 마라!

직독 직해

I am a smart, strong worker. / I ❶ **look like** a toy, / but I can do a lot of hard work /
나는 똑똑하고 힘이 센 일꾼이다 /　　　　나는 장난감처럼 보인다 /　　　하지만 나는 많은 힘든 일을 할 수 있다 /

for people. / ❷ **Do you want** / to clean your dirty room? / I can quickly do that /
사람들을 위해 /　　당신은 원하는가 /　　당신의 지저분한 방을 청소하기를 /　　내가 빨리 그것을 할 수 있다 /

for you. / **Do you want** / to move a heavy box / upstairs? / I can easily do that /
당신을 위해 / 당신은 원하는가 /　무거운 상자를 옮기기를 /　　위층으로 /　　내가 쉽게 그것을 할 수 있다 /

for you. / And / here is the best thing. / I can even go to the moon, / just like a rocket. /
당신을 위해 / 그리고 / 여기에 가장 좋은 것이 있다 /　　나는 달에도 갈 수 있다 /　　　로켓처럼 /

Actually, / I can do anything in the world! /
실제로 /　　나는 세상에 있는 어떤 것이든 할 수 있다 /

구문 설명　❶ 「look like + 명사(구)」는 '~처럼 보이다'라는 의미이다.
　　　　　　　 ex. It **looks like** an apple. 그것은 사과처럼 보인다.
　　　　　　❷ 주어가 2인칭 일 때, 일반동사의 현재시제 의문문은 「Do + 주어 + 동사원형 ~?」으로 쓴다.
　　　　　　　 ex. **Do you have** a smartphone? 너는 스마트폰을 가지고 있니?

나는 똑똑하고 힘이 센 일꾼이다. 나는 장난감처럼 보이지만, 나는 사람들을 위해 많은 힘든 일을 할 수 있다. 당신은 당신의 지저분한 방을 청소하기를 원하는가? 내가 당신을 위해 빨리 그것을 할 수 있다. 당신은 무거운 상자를 위층으로 옮기기를 원하는가? 내가 당신을 위해 쉽게 그것을 할 수 있다. 그리고 여기에 가장 좋은 것이 있다. 나는 로켓처럼 달에도 갈 수 있다. 실제로, 나는 세상에 있는 어떤 것이든 할 수 있다!

02 눈치 빠른 소년

문제 정답

1 ③　　**2** kick

문제 해설

1 공이 아무것도 깨지 않았다는 말을 듣고 나서 소년이 자신의 공이라고 말한 것으로 보아, 혼나지 않을 것이라는 확신이 생겼음을 알 수 있다.

2 '발로 무언가를 치다(to hit something with the foot)'를 의미하는 단어는 kick((발로) 차다)이다.

직독 직해

Two boys ❶ **were playing** / with a ball / in the backyard. /
두 소년들이 놀고 있었다 / 　　공을 가지고 / 　뒤뜰에서 /

One boy kicked the ball hard, / and it flew into an open window / in the house next door. /
한 소년이 공을 세게 찼다 / 　　그리고 그것이 열려 있는 창문 안으로 날아갔다 / 옆집의 /

Soon, / a man came out of the house / with the ball. / He asked the boys, /
곧 / 　한 남자가 집 밖으로 나왔다 / 　　그 공을 가지고 / 　그는 그 소년들에게 물었다 /

"Is this your ball?" / One boy asked, / ❷ **"Did that ball break** anything?" /
이게 너희들의 공이니 / 　한 소년이 물었다 / 　그 공이 무언가를 깼나요 /

"No," / said the man / calmly. / "Then, yes, / it's mine," / said the boy / with a smile. /
아니 / 　그 남자가 말했다 / 　침착하게 / 그럼. 네. / 　그건 제 것이에요. / 그 소년이 말했다 / 웃으며 /

구문 설명

❶ 「was/were + 동사원형-ing」는 과거에 '~하고 있었다'라는 의미를 나타내는 과거진행형이다.

　ex. I **was watching** a movie. 나는 영화를 보고 있었다.

❷ 일반동사의 과거시제 의문문은 「Did + 주어 + 동사원형 ~?」으로 쓴다.

　ex. **Did you finish** your homework? 너는 네 숙제를 끝마쳤니?

본문 해석

두 소년들이 뒤뜰에서 공을 가지고 놀고 있었다. 한 소년이 공을 세게 차서 그것이 옆집의 열려 있는 창문 안으로 날아갔다. 곧, 한 남자가 그 공을 가지고 집 밖으로 나왔다.

그는 그 소년들에게 물었다. "이게 너희들의 공이니?"

한 소년이 물었다. "그 공이 무언가를 깼나요?"

"아니." 그 남자가 침착하게 말했다.

"그럼, 네, 그건 제 것이에요." 그 소년이 웃으며 말했다.

03 화성으로 여행 가요!

문제 정답

1 ⑤　**2** ③　**3** inventor

문제 해설

1 Can Starship take people to Mars?(Starship이 사람들을 화성으로 데려갈 수 있나요?)와 Do you think I can take my dog Max to Mars?(당신은 제가 저의 개인 Max를 화성으로 데려갈 수 있다고 생각하나요?)라고 했으므로, Jake는 자신도 화성에 갈 수 있는지 궁금해서 이메일을 보냈음을 알 수 있다.

2 I really want to take a walk with him on Mars!(저는 정말 그와 함께 화성에서 산책을 하길 원해요!)라고 했으므로, Jake가 자신의 개 Max와 화성에서 산책을 하고 싶어 한다는 것을 알 수 있다.

3 '새롭고 도움이 되는 것들을 만드는 사람(a person who makes new and helpful things)'을 의미하는 단어는 inventor(발명가)이다.

직독 직해

Date: July 24, 2024 / From: jakelee@vmail.com /
날짜: 2024년 7월 24일 /　　　　보낸 사람: jakelee@vmail.com /

To: elonmusk@space.com / subject: Hello, Mr. Musk! /
받는 사람: elonmusk@space.com /　　　제목: 안녕하세요 Musk 씨 /

Dear Mr. Musk, / My name is Jake, / and I'm 10 years old. /
Musk 씨에게 /　　　제 이름은 Jake입니다 /　　　그리고 저는 10살이에요 /

I read / about ❶ your amazing invention, Starship, / in the news. /
저는 읽었어요 / 당신의 놀라운 발명품인 Starship에 대해 /　　　뉴스에서 /

I think / you're a great inventor. / I have a question / about your invention. /
저는 생각해요 / 당신이 훌륭한 발명가라고 /　　저는 질문이 있어요 /　　당신의 발명품에 대해 /

❷ Can Starship take people / to Mars? / I hope / it can do that, /
Starship이 사람들을 데려갈 수 있나요 /　화성으로 /　저는 희망해요 / 그것이 그렇게 할 수 있기를 /

and it'll be wonderful! / I have one more question. / Do you think /
그리고 그것은 아주 멋질 거예요 /　저는 질문이 하나 더 있어요 /　　당신은 생각하나요 /

I can take my dog Max / to Mars? / I really want / to take a walk / with him / on Mars! /
제가 저의 개인 Max를 데려갈 수 있다고 / 화성으로 / 저는 정말 원해요 /　산책하기를 /　　그와 함께 /　화성에서 /

❸ Thank you / for making the rocket. / I ❹ hope / to hear from you / soon! /
감사합니다 /　　그 로켓을 만들어 주셔서 /　　저는 희망해요 / 당신으로부터 소식을 듣기를 / 곧 /

Your fan, / Jake /
당신의 팬 /　Jake로부터 /

구문 설명

❶ 같은 대상을 가리키는 두 명사(구)의 관계를 동격이라고 한다. 동격은 주로 두 명사(구) 사이에 쉼표를 써서 나타낸다. 이 문장에서 your amazing invention과 Starship은 같은 대상을 가리키는 동격의 관계이다.
　　ex. This is **my friend, Alex**. 이 사람은 내 친구 Alex야.

❷ 조동사 can(~할 수 있다)이 있는 문장의 의문문은 「Can + 주어 + 동사원형 ~?」으로 쓴다.
　　ex. **Can you play** the violin? 너는 바이올린을 연주할 수 있니?

❸ 「thank ~ for ...」는 '~에게 …에 대해 감사하다'라는 의미로, for 뒤에는 명사 또는 동명사(동사원형 + -ing)를 쓴다.
　　ex. **Thank** you **for** helping me. 나를 도와줘서 고마워.

❹ hope은 to부정사(to + 동사원형)를 목적어로 쓰는 동사로, 「hope + to부정사」는 '~하기를 희망하다'라는 의미를 나타낸다.
　　ex. I **hope to become** a doctor. 나는 의사가 되기를 희망한다.

날짜: 2024년 7월 24일 보낸 사람: jakelee@vmail.com
받는 사람: elonmusk@space.com 제목: 안녕하세요, Musk 씨!

Musk 씨에게,

제 이름은 Jake이고, 저는 10살이에요. 저는 뉴스에서 당신의 놀라운 발명품인 Starship에 대해 읽었어요. 저는 당신이 훌륭한 발명가라고 생각해요. 저는 당신의 발명품에 대해 질문이 있어요. Starship이 사람들을 화성으로 데려갈 수 있나요? 저는 그것이 그렇게 할 수 있기를 희망하고, 그것은 아주 멋질 거예요! 저는 질문이 하나 더 있어요. 당신은 제가 저의 개인 Max를 화성으로 데려갈 수 있다고 생각하나요? 저는 정말 그와 함께 화성에서 산책하기를 원해요!

그 로켓을 만들어 주셔서 감사합니다. 저는 당신으로부터 곧 소식을 듣기를 희망해요!

당신의 팬

Jake로부터

GRAMMAR

문제 정답

1 (1) Do   (2) Did   (3) Do

2 (1) Do you drink

(2) Did they clean

(3) Does Mike play

문제 해설

1 (1) 일반동사의 현재시제 의문문은 「Do/Does + 주어 + 동사원형 ~?」으로 쓴다. 주어(you)가 2인칭이므로 Do를 쓴다.

당신은 당신의 더러운 방을 청소하기를 원하는가?

(2) 일반동사의 과거시제 의문문은 「Did + 주어 + 동사원형 ~?」으로 쓴다. 주어(that ball)가 3인칭 단수이므로 Do는 쓸 수 없다.

그 공이 뭔가를 깼나요?

(3) 주어(you)가 2인칭이므로 일반동사의 현재시제 의문문에 Do를 쓴다.

당신은 제가 저의 개인 Max를 화성으로 데려갈 수 있다고 생각하나요?

2 (1) 주어(you)가 2인칭이므로 일반동사의 현재시제 의문문에 Do를 쓴다.

(2) 일반동사의 과거시제 의문문은 「Did + 주어 + 동사원형 ~?」으로 쓴다.

(3) 주어(Mike)가 3인칭 단수이므로 일반동사의 현재시제 의문문에 Does를 쓴다.

WORDS
19쪽

문제 정답

01 1. light 2. flow　　**02** 1. nice 2. raise　　**03** 1. tiny 2. download

문제 해석

01 1. 풍선은 <u>가볍</u>다.

2. 대부분의 강은 바다로 <u>흐른다</u>.

02 1. Anna는 모두에게 <u>친절하</u>다.

2. 이곳의 농부들은 많은 닭을 <u>기른다</u>.

03 1. 개미는 <u>아주 작은</u> 곤충이다.

2. 나는 인터넷에서 음악을 <u>다운로드한다</u>.

04 나는 물고기가 아니에요!
20쪽

문제 정답

1 ③　　2 ③

문제 해설

1 가볍고 튼튼하며(light and strong), 컵, 병, 그리고 상자를 만든다(make cups, bottles, and boxes from me)고 했으므로, I는 플라스틱 쓰레기(plastic waste)임을 알 수 있다.

2 No fish will live there.(어떤 물고기도 그곳에서 살지 않을 것이다.)라는 다음 문장으로 보아, 빈칸에는 dirty(더러운)가 들어가는 것이 알맞다.

직독 직해

I am a light and strong material. / People make cups, bottles, and boxes /
나는 가볍고 튼튼한 물질이다 /　　　　사람들은 컵, 병, 그리고 상자를 만든다 /

from me. / However, / people throw me away / ❶ after they use me. / Then I flow /
나로 /　　　하지만 /　　사람들은 나를 버린다 /　　　그들이 나를 사용하고 난 후에 / 그러면 나는 흘러간다 /

into rivers and oceans. / There, / I look like food, / so some fish eat me. /
강과 바다로 /　　　　그곳에서 /　나는 먹이처럼 보인다 /　그래서 몇몇 물고기들이 나를 먹는다 /

This makes them sick. / In fact, / millions of fish die / ❷ because of me. /
이것은 그것들을 아프게 만든다 /　사실 /　수백만 마리의 물고기들이 죽는다 / 나 때문에 /

Poor fish! / If you keep throwing me away, / I ❸ will make all rivers and oceans dirty. /
불쌍한 물고기들 / 만약 당신이 나를 계속 버리면 /　　　나는 모든 강과 바다를 더럽게 만들 것이다 /

No fish will live / there. /
어떤 물고기도 살지 않을 것이다 / 그곳에서 /

구문 설명

❶ after는 '～ 후에'를 의미하는 접속사로, 「after + 주어 + 동사」로 쓴다.

ex. I had dinner **after** I washed my hands. 나는 손을 씻은 후에 저녁을 먹었다.

❷ because of는 '～ 때문에'를 의미하는 전치사구로, 뒤에는 명사(구)나 대명사를 쓴다.

ex. We stayed home **because of** rain. 우리는 비 때문에 집에 머물렀다.

❸ will은 '～할 것이다'라는 미래를 나타내는 조동사이다. 조동사 뒤에는 항상 동사원형을 쓴다.

ex. I **will** go to the library tomorrow. 나는 내일 도서관에 갈 것이다.

나는 가볍고 튼튼한 물질이다. 사람들은 나로 컵, 병, 그리고 상자를 만든다. 하지만 사람들은 나를 사용하고 난 후에 나를 버린다. 그러면 나는 강과 바다로 흘러간다. 그곳에서 나는 먹이처럼 보여서 몇몇 물고기들이 나를 먹는다. 이것은 그것들을 아프게 만든다. 사실, 수백만 마리의 물고기들이 나 때문에 죽는다. 불쌍한 물고기들! 만약 당신이 나를 계속 버리면, 나는 모든 강과 바다를 더럽게 만들 것이다. 어떤 물고기도 그곳에서 살지 않을 것이다.

05 젖소와 우유

문제 정답

1 ⑤　　**2** (1) T　　(2) F

문제 해설

1 젖소들에게 매일 노래를 불러 주었더니 그 젖소들이 더 많은 우유를 만들어 주었다는 내용이므로, 다른 사람에게 잘해주면 그것이 자신에게 되돌아온다는 의미의 속담인 '베푼 만큼 돌아온다'가 가장 알맞다.

2 (1) Helen began to sing to the cows every day.(Helen은 매일 그 젖소들에게 노래를 불러 주기 시작했다.)라고 했으므로, 본문의 내용과 일치한다.

(2) 젖소들이 이전보다 더 건강해졌다는 내용은 본문에 언급되지 않았다.

직독 직해

Helen raised some cows / on a farm. / She loved them / very much. /
Helen은 몇 마리의 젖소들을 길렀다 / 농장에서 / 그녀는 그들을 사랑했다 / 매우 /

One day, / she had an interesting idea. / She thought, / "I will sing for my cows. /
어느 날 / 그녀는 흥미로운 생각을 떠올렸다 / 그녀는 생각했다 / 나는 내 젖소들을 위해 노래를 부를 것이다 /

What will happen?" / Helen ❶ began to sing / to the cows / every day. /
어떤 일이 일어날까 / Helen은 노래를 불러 주기 시작했다 / 그 젖소들에게 / 매일 /

Soon, / ❷ something wonderful / happened. / The cows started / to give more milk! /
곧 / 아주 멋진 일이 / 일어났다 / 그 젖소들이 시작했다 / 더 많은 우유를 주기를 /

Helen was delighted / and said, / "I'm nice to my cows, / and now /
Helen은 매우 기뻐했다 / 그리고 말했다 / 내가 내 젖소들에게 잘 대해 준다 / 그리고 이제 /

the cows are nice to me!" /
그 젖소들도 나에게 잘 대해 준다 /

구문 설명

❶ begin은 to부정사(to + 동사원형)를 목적어로 쓸 수 있는 동사로, 「begin + to부정사」는 '~하기를 시작하다'라는 뜻을 나타낸다.

ex. The baby **begins to cry**. 그 아기가 울기 시작한다.

❷ -thing으로 끝나는 대명사는 형용사가 뒤에서 수식하여 「-thing + 형용사」의 형태로 쓴다.

ex. I want **something delicious**. 나는 맛있는 무언가를 원한다.

본문 해석

Helen은 농장에서 몇 마리의 젖소들을 길렀다. 그녀는 그들을 매우 사랑했다. 어느 날, 그녀는 흥미로운 생각을 떠올렸다. 그녀는 생각했다. "나는 내 젖소들을 위해 노래를 부를 것이다. 어떤 일이 일어날까?" Helen은 매일 그 젖소들에게 노래를 불러 주기 시작했다. 곧, 아주 멋진 일이 일어났다. 그 젖소들이 더 많은 우유를 주기 시작했다! Helen은 매우 기뻐하며 말했다. "내가 내 젖소들에게 잘 대해 주니, 이제 그 젖소들도 나에게 잘 대해 주는구나!"

06 미래에는 어떻게 공부할까?

문제 정답

1 ①　　**2** ⑤　　**3** download

문제 해설

1 you won't learn from school teachers(당신은 학교 선생님들로부터 배우지 않을 것이다)라고 했으므로, a tiny computer(작은 컴퓨터)는 학교 수업에서 사용하지 않을 것임을 알 수 있다.

2 You can download cooking skills(당신은 요리 기술을 다운로드할 수 있다)와 download flying skills(비행 기술을 다운로드하다)로 보아 빈칸에는 그 기술들과 연관된 직업인 chef(요리사)와 pilot(조종사, 파일럿)이 들어가는 것이 알맞다.

3 '인터넷에서 당신의 컴퓨터로 정보를 옮기다(to move information from the internet to your computer)'를 의미하는 단어는 download(다운로드하다)이다.

직독 직해

In the future, / you **will** live / in an amazing world. / You ❶ **won't** go to school. /
미래에 /　　　당신은 살 것이다 /　놀라운 세상에서 /　　　　　당신은 학교에 가지 않을 것이다 /

And you **won't** learn / from school teachers. / But you **will** learn things quickly. /
그리고 당신은 배우지 않을 것이다 / 학교 선생님들로부터 /　　하지만 당신은 일들을 빨리 배울 것이다 /

❷ **How can you do** that? / In the future, / you can put a tiny computer / in your brain. /
어떻게 당신이 그것을 할 수 있을까 / 미래에 /　　당신은 작은 컴퓨터를 넣을 수 있다 /　당신의 뇌 속에 /

The computer **will** do a great job. / It can download new skills quickly. /
그 컴퓨터는 대단한 일을 할 것이다 /　　　　그것은 새로운 기술들을 빨리 다운로드할 수 있다 /

Do you ❸ **want** / **to learn** the piano? / You can download piano skills. /
당신은 원하는가 /　피아노를 배우기를 /　　당신은 피아노 기술을 다운로드할 수 있다 /

Then you **will** be a pianist / right away. / Do you want / to cook well? /
그러면 당신은 피아니스트가 될 것이다 /　곧바로 /　　당신은 원하는가 /　요리를 잘하기를 /

You can download cooking skills / and become a chef. / Or do you dream /
당신은 요리 기술을 다운로드할 수 있다 /　　그리고 요리사가 될 수 있다 /　또는 당신은 꿈꾸는가 /

❹ **of flying** a plane? / Then download flying skills / and become a pilot. /
비행기를 조종하는 것을 /　그렇다면 비행 기술을 다운로드해라 /　그리고 파일럿이 되어라 /

Just imagine that. / Your future **will** truly be fantastic! /
그것을 그냥 상상해 보아라 /　당신의 미래는 정말 환상적일 것이다 /

구문 설명

❶ 조동사 will(~할 것이다)의 부정형은 will not으로 쓰고, won't로 축약하여 쓸 수 있다.

ex. He **won't** go there. 그는 그곳에 가지 않을 것이다.

❷ 조동사가 쓰인 의문사 의문문은 「의문사＋조동사＋주어＋동사원형 ~?」으로 쓴다.

ex. **How can I use** it? 제가 그것을 어떻게 사용할 수 있나요?

❸ want는 to부정사(to＋동사원형)를 목적어로 쓰는 동사로, 「want＋to부정사」는 '~하는 것을 원하다'라는 의미를 나타낸다.

ex. I **want to get** a birthday gift. 나는 생일 선물을 받기를 원한다.

❹ 전치사 뒤에 동사가 올 때는 동명사(동사원형＋-ing)로 쓴다.

ex. I am good **at playing** the violin. 나는 바이올린을 잘 연주한다.

미래에 당신은 놀라운 세상에서 살 것이다. 당신은 학교에 가지 않을 것이다. 그리고 당신은 학교 선생님들로부터 배우지 않을 것이다. 하지만 당신은 일들을 빨리 배울 것이다. 어떻게 당신이 그것을 할 수 있을까? 미래에, 당신은 당신의 뇌 속에 작은 컴퓨터를 넣을 수 있다. 그 컴퓨터는 대단한 일을 할 것이다. 그것은 새로운 기술들을 빨리 다운로드할 수 있다. 당신은 피아노를 배우기를 원하는가? 당신은 피아노 기술을 다운로드할 수 있다. 그러면 당신은 곧바로 피아니스트가 될 것이다. 당신은 요리를 잘하기를 원하는가? 당신은 요리 기술을 다운로드하여 요리사가 될 수 있다. 또는 당신은 비행기를 조종하는 것을 꿈꾸는가? 그렇다면 비행 기술을 다운로드하고 파일럿이 되어라. 그것을 그냥 상상해 보아라. 당신의 미래는 정말 환상적일 것이다!

GRAMMAR

24쪽

문제 정답

1 (1) will do　　(2) live　　(3) will make

2 (1) We will study English

(2) I will go shopping

(3) He won't be late for school

문제 해설

1 (1) will은 '~할 것이다'라는 미래를 나타내는 조동사이다. 조동사 뒤에는 항상 동사원형을 쓴다.

그 컴퓨터는 대단한 일을 할 것이다.

(2) 조동사 뒤에는 항상 동사원형을 쓴다.

미래에, 당신은 놀라운 세상에서 살 것이다.

(3) '만약 ~하면, …할 것이다'라는 뜻이므로, 주절에는 미래 시제인 「will + 동사원형」을 쓴다.

만약 당신이 계속 플라스틱을 버리면, 그것은 모든 강들을 더럽게 만들 것이다.

2 (1) '~할 것이다'는 「will + 동사원형」으로 쓴다.

(2) '~할 것이다'는 「will + 동사원형」으로 쓴다. go shopping은 '쇼핑하러 가다'라는 의미이다.

(3) 조동사 will(~할 것이다)의 부정형인 will not은 won't로 축약하여 쓸 수 있다.

WORDS 25쪽

문제 정답 **01** 1. sharp 2. gift   **02** 1. change 2. sick   **03** 1. blind 2. care for

문제 해석
01 1. 사자는 <u>날카로운</u> 이빨을 가지고 있다.
  2. 나는 내 생일에 <u>선물</u>을 원한다.
02 1. 나뭇잎은 가을에 색깔을 <u>바꾼다</u>.
  2. Jack은 감기 때문에 <u>아프다</u>.
03 1. Helen Keller는 <u>눈이 멀었고</u> 귀가 들리지 않았다.
  2. 간호사들은 병원에서 많은 사람들을 <u>돌본다</u>.

07 나는 아름답지만 가시가 있어요! 26쪽

문제 정답 **1** ②   **2** hurt

문제 해설
1 다양한 색깔(many colors)이 있고, 좋은 냄새가 나고(smell nice), 좋은 선물(a nice gift)이 될 수 있으며, 가시가 날카롭다(My thorns are sharp)고 했으므로, I는 장미꽃(rose)임을 알 수 있다.
2 My thorns are sharp and they can hurt you.의 hurt(다치게 하다; 아프다)가 문맥상 알맞다.
  (1) 나는 오랫동안 걸으면 발이 <u>아프다</u>.
  (2) 그 칼을 조심해라. 그것은 너를 <u>다치게</u> 할 수 있다.

직독 직해

I am very beautiful. /
나는 매우 아름답다 /

I come in many colors, / and ❶ **some of my friends** are red, pink, and white. /
나는 많은 색으로 나온다 /   그리고 내 친구들 중의 몇몇은 빨간색, 분홍색, 그리고 흰색이다 /

People love me / because I ❷ look pretty / and smell nice. /
사람들은 나를 아주 좋아한다 / 내가 예쁘게 보이기 때문이다 /   그리고 좋은 냄새가 난다 /

Do you have someone special / in your life? / I can be a nice gift / for that person. /
당신은 특별한 누군가가 있는가 /   당신의 인생에 /   나는 좋은 선물이 될 수 있다 / 그 사람을 위한 /

Do you love someone? / I can help you show it. /
당신은 누군가를 사랑하는가 /   나는 당신이 그것을 보여주는 것을 도울 수 있다 /

But watch out! / My thorns are sharp / and they can hurt you. /
하지만 조심해라 /   나의 가시들은 날카롭다 /   그리고 그것들이 당신을 다치게 할 수 있다 /

구문 설명
❶ 「some of + 복수 명사」는 '~들 중의 몇몇'이라는 의미로, 주어로 쓰일 경우 복수 취급한다.
  ex. **Some of the books** <u>are</u> novels. 그 책들 중의 몇몇은 소설책이다.
❷ look이 '~하게 보이다'라는 의미의 감각동사로 쓰일 때는 뒤에 형용사를 쓴다.
  ex. You **look nice** today. 너는 오늘 멋져 보인다.

나는 매우 아름답다. 나는 많은 색으로 나오고, 내 친구들 중의 몇몇은 빨간색, 분홍색, 그리고 흰색이다. 사람들은 내가 예쁘게 보이고 좋은 냄새가 나기 때문에 나를 아주 좋아한다. 당신은 당신의 인생에 특별한 누군가가 있는가? 나는 그 사람을 위한 좋은 선물이 될 수 있다. 당신은 누군가를 사랑하는가? 나는 당신이 그것을 보여주는 것을 도울 수 있다. 하지만 조심해라! 나의 가시들은 날카롭고 그것들이 당신을 다치게 할 수 있다.

08 신기한 붕대

문제 정답

1 ④　　**2** ①

문제 해설

1 It can tell you about your skin's health(그것은 당신에게 당신 피부의 건강에 대해 알려줄 수 있다)라고 했으므로, a special bandage(특별한 붕대)는 피부의 건강을 알려주는 특별한 기능이 있다는 것을 알 수 있다.

2 It looks red on sick skin. But it looks blue when the skin gets better.(그것은 아픈 피부 위에서는 빨간색으로 보인다. 하지만 피부가 나아질 때 그것은 파란색으로 보인다.)라고 했으므로, 붕대가 빨간색에서 파란색으로 변하는 그림이 알맞다.

직독 직해

One day, / you cut your finger, / and it starts / to bleed. / What can you do? /
어느 날 / 당신은 당신의 손가락을 벤다 / 그리고 그것은 시작한다 / 피가 나기 / 당신은 무엇을 할 수 있을까 /

You can put a bandage / on it. / But wait a minute! / There is a special bandage. /
당신은 붕대를 감을 수 있다 / 그것 위에 / 하지만 잠깐 기다려라 / 특별한 붕대가 있다 /

This special bandage changes colors. / It ❶ looks red / on sick skin. /
이 특별한 붕대는 색깔을 바꾼다 / 그것은 빨간색으로 보인다 / 아픈 피부 위에서는 /

But / it looks blue / when the skin gets better. / ❷ How amazing! /
하지만 / 그것은 파란색으로 보인다 / 피부가 나아질 때 / 얼마나 놀라운가 /

It can tell you / about your skin's health, / just like a doctor. /
그것은 당신에게 알려줄 수 있다 / 당신 피부의 건강에 대해 / 의사처럼 /

구문 설명

❶ look이 '~하게 보이다'라는 의미의 감각동사로 쓰일 때는 뒤에 형용사를 쓴다. red는 '빨간색의'라는 의미의 형용사로 쓰였다.

　　ex. The balloon **looks red**. 그 풍선은 빨간색으로 보인다.

❷ 「How + 형용사(+ 주어 + 동사)」는 '정말 ~하구나!'를 의미하는 감탄문으로, 뒤에 주어와 동사인 it is가 생략되었다.

　　ex. **How smart** (they are)! (그들은) 정말 똑똑하구나!

본문 해석

어느 날, 당신은 당신의 손가락을 베고, 그것은 피가 나기 시작한다. 당신은 무엇을 할 수 있을까? 당신은 그것 위에 붕대를 감을 수 있다. 하지만 잠깐 기다려라! 특별한 붕대가 있다. 이 특별한 붕대는 색깔을 바꾼다. 그것은 아픈 피부 위에서는 빨간색으로 보인다. 하지만 피부가 나아질 때 그것은 파란색으로 보인다. 얼마나 놀라운가! 그것은 의사처럼 당신 피부의 건강에 대해 당신에게 알려줄 수 있다.

09 두 떠돌이 개의 이야기　　28~29쪽

문제 정답

1 ③　　**2** ⑤　　**3** blind

문제 해설

1 두 마리의 떠돌이 개들이 서로 돕고 의지한다는 내용의 글이므로, Friendship Between Dogs(개들 사이의 우정)이 제목으로 가장 알맞다.

① 아픈 동물들 돕기

② 길거리 동물들의 문제점

④ 유기견을 돕는 사람들

⑤ 야생동물들을 위한 새로운 보금자리

2 Now, Glenn and Buzz live together in a safe, loving home.(이제 Glenn과 Buzz는 안전하고 화목한 가정에서 함께 산다.)이라고 했으므로, Glenn과 Buzz가 서로 다른 가정에 입양되었다는 문장은 본문의 내용과 일치하지 않는다.

3 One of the dogs, Glenn, was blind.의 blind(눈이 먼, 시각 장애의)가 문맥상 알맞다.

그 남자는 어떤 것도 볼 수 없다.

= 그 남자는 <u>시각 장애</u>가 있다.

직독 직해

Tuesday, November 12, 2024 /
2024년 11월 12일 화요일 /

On a street / in the U.K., / ❶ there were two stray dogs. /
한 거리에 /　영국의 /　두 마리의 떠돌이 개들이 있었다 /

❷ **One of the dogs**, Glenn, / was blind. / But that was okay. /
그 개들 중 한 마리인 Glenn은 /　앞이 보이지 않았다 / 하지만 그것은 괜찮았다 /

The other dog, Buzz, / was always with him. /
또 다른 개인 Buzz가 /　항상 그와 함께 있었다 /

Buzz helped Glenn / find food and a bed. / Glenn also loved Buzz / very much. /
Buzz는 Glenn을 도왔다 /　먹을 것과 잘 곳을 찾는 것을 /　Glenn도 Buzz를 사랑했다 /　무척 /

Living on the street / was not easy, / but they ❸ felt happy / together. /
길 위에서 사는 것은 /　쉽지 않았다 /　하지만 그들은 행복하게 느꼈다 /　함께 /

People heard / about their friendship. / They felt sad for them. /
사람들은 들었다 /　그들의 우정에 대해 /　그들은 그들에 대해 안타깝게 느꼈다 /

❹ **Some** wanted / to adopt Buzz. / **Others** wanted / to care for Glenn. /
몇몇 사람들은 원했다 / Buzz를 입양하기를 /　다른 사람들은 원했다 /　Glenn을 돌보기를 /

However, / Glenn and Buzz needed / to stay together. /
하지만 /　Glenn과 Buzz는 필요했다 /　함께 지내는 것이 /

Luckily, / an animal center found a new home / for them. /
다행히 /　한 동물 센터가 새로운 보금자리를 찾았다 /　그들을 위한 /

Now, / Glenn and Buzz live together / in a safe, loving home. /
이제 /　Glenn과 Buzz는 함께 산다 /　안전하고 화목한 가정에서 /

구문 설명

❶ 「There were + 복수 명사 ~.」는 '~들이 있었다'라는 의미로, were는 are의 과거형이다.

　ex. **There were** many people in the park. 공원에는 많은 사람들이 있었다.

❷ 「one of + 복수 명사」는 '~들 중의 하나'라는 의미로, 주어로 쓰일 경우 단수로 취급한다.

　ex. **One of the boys** <u>is</u> my brother. 그 소년들 중 한 명은 내 남동생이다.

본문 해석

2024년 11월 12일 화요일

영국의 한 거리에 두 마리의 떠돌이 개들이 있었다. 그 개들 중 한 마리인 Glenn은 앞이 보이지 않았다. 하지만 그것은 괜찮았다. 또 다른 개인 Buzz가 항상 그와 함께 있었다. Buzz는 Glenn이 먹을 것과 잘 곳을 찾는 것을 도왔다. Glenn도 Buzz를 무척 사랑했다. 길 위에서 사는 것은 쉽지 않았지만, 그들은 함께 행복하게 느꼈다. 사람들은 그들의 우정에 대해 들었다. 그들은 그들에 대해 안타깝게 느꼈다. 몇몇 사람들은 Buzz를 입양하기를 원했다. 다른 사람들은 Glenn을 돌보기를 원했다. 하지만 Glenn과 Buzz는 함께 지내야 했다. 다행히, 한 동물 센터가 그들을 위한 새로운 보금자리를 찾았다. 이제, Glenn과 Buzz는 안전하고 화목한 가정에서 함께 산다.

GRAMMAR

30쪽

문제 정답

1 (1) sad   (2) loud   (3) pretty, nice

2 (1) The flowers smell sweet.

　(2) We often feel angry and sad.

　(3) Lemons taste sour.

문제 해설

1 (1) feel이 '~하게 느끼다'라는 의미의 감각동사로 쓰일 때는 뒤에 형용사를 쓴다. 감각동사 뒤에 오는 형용사는 '~하게'라고 해석되지만 부사를 쓰지 않고 형용사를 써야 하는 것에 유의한다. sad는 '슬픈'을 뜻하는 형용사이고, sadly는 '슬프게'를 뜻하는 부사이다.

사람들은 그 두 마리의 떠돌이 개들에 대해 안타깝게 느꼈다.

　(2) sound가 '~하게 들리다'라는 의미의 감각동사로 쓰일 때는 뒤에 형용사를 쓴다. loud는 '시끄러운'을 뜻하는 형용사이고, loudly는 '시끄럽게'를 뜻하는 부사이다.

그 알람 시계는 시끄럽게 들린다.

　(3) look이 '~하게 보이다'라는 의미의 감각동사로 쓰일 때는 뒤에 형용사를 쓴다. pretty는 '예쁜'을 뜻하는 형용사이고, prettily는 '예쁘게'를 뜻하는 부사이다. smell이 '~한 냄새가 나다'라는 의미의 감각동사로 쓰일 때는 뒤에 형용사를 쓴다. nice는 '좋은'을 뜻하는 형용사이고, nicely는 '좋게'를 뜻하는 부사이다.

장미는 예쁘게 보이고 좋은 냄새가 난다.

2 (1) smell이 '~한 냄새가 나다'라는 의미의 감각동사로 쓰일 때는 뒤에 형용사를 쓴다.

　(2) feel이 '~하게 느끼다'라는 의미의 감각동사로 쓰일 때는 뒤에 형용사를 쓴다.

　(3) taste가 '~한 맛이 나다'라는 의미의 감각동사로 쓰일 때는 뒤에 형용사를 쓴다.

WORDS 31쪽

문제 정답

01 1. appear   2. copy   **02** 1. scary   2. hunt   **03** 1. weather   2. wrong

문제 해석

01 1. 별은 밤에 <u>나타난다</u>.
  2. 원숭이들은 사람들을 <u>따라 할</u> 수 있다.
02 1. 귀신 이야기는 <u>무섭다</u>.
  2. 여우는 작은 동물들을 <u>사냥한다</u>.
03 1. 오늘의 <u>날씨</u>는 덥고 화창하다.
  2. 너의 대답은 옳지 않다. 그것은 <u>틀렸다</u>.

10 나는 따라쟁이! 32쪽

문제 정답

1 ③   **2** hide

문제 해설

1 어두운 형태(a dark shape)이고, 빛이 있거나 날씨가 맑을 때(when there is light or when it is sunny) 나타나고, 늦은 오후에 키가 커진다(I become tall in the late afternoon)고 했으므로, I는 그림자(shadow)임을 알 수 있다.

2 But I hide when there is no light or when it is cloudy.의 hide(숨다; 숨기다)가 문맥상 알맞다.
  (1) 내 고양이들은 자주 침대 아래에 <u>숨는다</u>.
  (2) 나는 내 일기장을 매일 다른 장소에 <u>숨긴다</u>.

직독 직해

I am a dark shape, / and I am always with you. / But you ❶ **can** never hear my voice. /
나는 어두운 형상이다 /   그리고 나는 항상 당신과 함께 있다 /   하지만 당신은 내 목소리를 절대로 들을 수 없다 /

And you can never touch me. / When you move, / I move. / When you stop, /
그리고 당신은 절대로 나를 만질 수 없다 /   당신이 움직이면 /   나는 움직인다 / 당신이 멈추면 /

I stop. / I copy your shapes and actions. / I appear / when ❷ **there is** light /
나는 멈춘다 / 나는 당신의 모양과 행동을 따라 한다 /   나는 나타난다 / 빛이 있을 때 /

or when **it** is sunny. / But I hide / when **there is** no light / or when **it** is cloudy. / I'm short /
또는 화창할 때 /   하지만 나는 숨는다 / 빛이 없을 때 /   또는 흐릴 때 /   나는 키가 작다 /

at noon, / but I become tall / in the late afternoon. /
정오에는 /   하지만 나는 키가 커진다 /   늦은 오후에는 /

구문 설명

❶ can은 '~할 수 있다'를 의미하는 조동사이다. 조동사 뒤에는 항상 동사원형을 쓰고, 부정문은 「can't[cannot / can never] + 동사원형」으로 쓴다.
  ex. I **can** play the piano. 나는 피아노를 칠 수 있다.

❷ 「There is + 단수 명사 ~.」는 '~이 있다'라는 의미이다.
  ex. **There** is a cup on the table. 탁자 위에 컵이 하나 있다.

나는 어두운 형상이고, 나는 항상 당신과 함께 있다. 하지만 당신은 내 목소리를 절대로 들을 수 없다. 그리고 당신은 절대로 나를 만질 수 없다. 당신이 움직이면 나는 움직인다. 당신이 멈추면 나는 멈춘다. 나는 당신의 모양과 행동을 따라 한다. 나는 빛이 있을 때나 화창할 때 나타난다. 하지만 나는 빛이 없을 때나 흐릴 때는 숨는다. 나는 정오에는 키가 작지만 늦은 오후에는 키가 커진다.

11 사자로부터 소를 지킨 아이디어

33쪽

문제 정답

1 ②　　2 ①

문제 해설

1 The farmers painted big eyes on the cows' hips.(농부들은 소들의 엉덩이에 큰 눈을 그렸다.)라고 했으므로, 소의 엉덩이에 눈이 그려진 그림이 가장 알맞다.

2 When the lions saw these eyes, they got scared and ran away.(사자들은 이 눈을 보았을 때, 겁을 먹고 도망쳤다.)라고 했으므로, '이제는 그 소들이 안전하다(safe)'가 문맥상 알맞다.

직독 직해

❶ There are many farms / in Africa. / These farms have a lot of cows. /
많은 농장들이 있다 / 　　아프리카에는 / 이 농장들에는 많은 소들이 있다 /

But they had a problem / in the past. / Lions **❷ tried** / **to hunt** the cows. /
하지만 그들은 문제가 있었다 / 　과거에 / 　사자들이 (~하려고) 했다 / 그 소들을 사냥하려고 /

The farmers were worried / about this. / Then they had a smart idea. /
그 농부들은 걱정했다 / 　이것에 대해 / 　그때 그들은 기발한 아이디어를 떠올렸다 /

The farmers painted big eyes / on the cows' hips. /
그 농부들은 큰 눈을 그렸다 / 　소들의 엉덩이에 /

Their hips **❸ looked like** scary monsters! /
그들의 엉덩이는 무서운 괴물처럼 보였다 /

When the lions saw these eyes, / they got scared / and ran away. /
사자들이 이 눈들을 보았을 때 / 　그들은 겁을 먹었다 / 그리고 도망갔다 /

Now / the cows are safe. /
이제 / 그 소들은 안전하다 /

구문 설명

❶ 「There are + 복수 명사 ~.」는 '~들이 있다'라는 의미이다.

ex. **There are** many apples in the basket. 바구니 안에 많은 사과들이 있다.

❷ 「try + to부정사(to + 동사원형)」는 '~하려고 노력하다, ~하려고 하다'라는 의미이다.

ex. I **tried to solve** the problem. 나는 그 문제를 풀기 위해 노력했다.

❸ 「look like + 명사(구)」는 '~처럼 보이다'라는 의미이다.

ex. He **looks like** an actor. 그는 배우처럼 보인다.

본문 해석

아프리카에는 많은 농장들이 있다. 이 농장들에는 많은 소들이 있다. 하지만 과거에 그들은 문제가 있었다. 사자들이 그 소들을 사냥하려고 했다. 그 농부들은 이것에 대해 걱정했다. 그때 그들은 기발한 아이디어를 떠올렸다. 그 농부들은 소들의 엉덩이에 큰 눈을 그렸다. 그들의 엉덩이는 무서운 괴물처럼 보였다! 사자들이 이 눈들을 보았을 때, 그들은 겁을 먹고 도망갔다. 이제 그 소들은 안전하다.

12 오늘 날씨는 어떤가요?

문제 정답　1 ③　2 ④　3 clear

문제 해설

1 But I was wrong again.(하지만 나는 또 틀렸다.)은 학교에 반바지를 입고 갔다는 문장과 바람이 불고 추웠다는 문장의 사이에 들어가는 것이 문맥상 가장 알맞다.

2 날씨가 항상 나의 예상에서 벗어난다는 내용이므로, 빈칸에는 always plays tricks on me(항상 나를 속인다)가 들어가는 것이 가장 알맞다.

① 자주 나를 기쁘게 만든다

② 나를 절대 실망시키지 않는다

③ 대개 예측하기가 쉽다

⑤ 때때로 나에게 기쁨을 가져다 준다

3 The next day, it was sunny and clear.의 clear(맑은; 알기 쉬운)가 문맥상 알맞다.

(1) 비 온 후에, 하늘이 <u>맑다</u>.

(2) 그 지도는 간단하고 <u>알기 쉽다</u>.

직독 직해

One day, / the sky was very cloudy. / I took an umbrella / ❶ **when** I went outside. /
어느 날 / 하늘이 매우 흐렸다 / 나는 우산을 가져갔다 / 내가 밖에 나갈 때 /

However, / ❷ **it** was fine all day. / The next day, / **it** was sunny and clear. /
하지만 / 하루 종일 맑았다 / 그다음 날 / 화창하고 맑았다 /

So I left my umbrella / at home. / In the afternoon, / however, / **it** started to rain hard. /
그래서 나는 우산을 놓아두었다 / 집에 / 오후에 / 하지만 / 비가 세차게 내리기 시작했다 /

This morning, / the sun ❸ **was shining** / brightly. / It ❹ **was going to** be hot / today. /
오늘 아침에는 / 태양이 빛나고 있었다 / 밝게 / 더울 것이었다 / 오늘은 /

So I wore my shorts / to school. / But I was wrong again. /
그래서 나는 반바지를 입었다 / 학교에 / 하지만 나는 또 틀렸다 /

It became windy and chilly. / Because of this, / I realized something / about the weather. /
바람이 불고 쌀쌀해졌다 / 이것 때문에 / 나는 무언가를 깨달았다 / 날씨에 대해 /

It always plays tricks / on me! /
그것은 항상 속인다 / 나를 /

구문 설명

❶ when은 '~할 때'를 의미하는 접속사로, 「when + 주어 + 동사」로 쓴다.

ex. I liked riding a bike **when** I was young. 나는 어렸을 때 자전거 타는 것을 좋아했다.

❷ 날씨를 나타내는 문장의 주어로 비인칭 주어 it을 쓸 수 있다. 비인칭 주어 it은 '그것'이라고 해석하지 않는다.

ex. **It** is very cold today. 오늘은 매우 춥다.

❸ 「was/were + 동사원형-ing」는 과거에 '~하고 있었다'라는 의미를 나타내는 과거진행형이다. shine과 같이 -e로 끝나는 동사는 e를 빼고 -ing를 붙인다.

ex. We **were making** a cake then. 우리는 그때 케이크를 만들고 있었다.

❹ 「be going to + 동사원형」은 '~할 것이다'라는 의미로, 어떤 일이 일어날 가능성을 나타낸다. 글의 내용이 과거의 일을 나타내고 있으므로 be동사는 was가 쓰였다.

ex. The game **is going to** be fun. 그 경기는 재미있을 것이다.

어느 날, 하늘이 매우 흐렸다. 나는 밖에 나갈 때 우산을 가져갔다. 하지만 하루 종일 맑았다. 그다음 날, 화창하고 맑았다. 그래서 나는 우산을 집에 놓아두었다. 하지만, 오후에 비가 세차게 내리기 시작했다. 오늘 아침에는 태양이 밝게 빛나고 있었다. 오늘은 더울 것이었다. 그래서 나는 학교에 반바지를 입고 갔다. 하지만 나는 또 틀렸다. 바람이 불고 쌀쌀해졌다. 이것 때문에, 나는 날씨에 대해 무언가를 깨달았다. 그것은 항상 나를 속인다!

GRAMMAR

문제 정답

1 (1) are   (2) it   (3) is

2 (1) It is cold and dry

  (2) There are three pencils

  (3) There is a swimming pool

문제 해설

1 (1) 「There are + 복수 명사 ~.」는 '~들이 있다'라는 의미이다.

  아프리카에는 많은 농장들이 있다.

  (2) 날씨를 나타내는 문장의 주어로 비인칭 주어 it을 쓸 수 있다. 비인칭 주어 it은 '그것'이라고 해석하지 않는다.

  그다음 날, (날씨가) 화창하고 맑았다.

  (3) 「There is + 단수 명사 ~.」는 '~이 있다'라는 의미이다.

  그림자는 빛이 있을 때 나타난다.

2 (1) it은 날씨를 나타내는 비인칭 주어로, '그것'이라고 해석하지 않는다.

  (2) 「There are + 복수 명사 ~.」는 '~들이 있다'라는 의미이다.

  (3) 「There is + 단수 명사 ~.」는 '~이 있다'라는 의미이다.

 37쪽

문제 정답

01 1. celebrate 2. flat **02** 1. Rotten 2. sink **03** 1. loud 2. fatty

문제 해석

01 1. 사람들은 새해를 축하한다.
2. 피자는 납작하고 둥글다.
02 1. 썩은 음식은 나쁜 냄새가 난다.
2. 바위는 물속에서 가라앉는다.
03 1. 나는 시끄러운 소음을 들었다.
2. 프라이드치킨은 기름진 음식이다.

13 재미난 곳엔 항상 내가 있죠!

38쪽

문제 정답

1 ② **2** celebrate

문제 해설

1 공기나 가스를 불어넣으면 둥글고 뚱뚱해지고(round and fat), 하늘로 뜰 수도 있으며(float into the sky), 아주 쉽게 터진다(burst very easily)고 했으므로, I는 풍선(balloon)임을 알 수 있다.

2 People celebrate parties and festivals with me.의 celebrate(축하하다)가 문맥상 알맞다.
사람들은 파티로 크리스마스를 특별하게 만든다.
= 사람들은 파티로 크리스마스를 축하한다.

직독 직해

At first, / I'm just small and flat. /
처음에 / 나는 그냥 작고 납작하다 /

❶ **Blow** air or gas / into me, / ❷ **and** I become round and fat. /
공기나 가스를 불어넣어라 / 내 안으로 / 그러면 나는 둥글고 뚱뚱해진다 /

I can also float / into the sky. / People celebrate parties and festivals / with me. /
나는 뜰 수도 있다 / 하늘로 / 사람들은 파티나 축제를 축하한다 / 나를 가지고 /

You can also find me / at an amusement park. / Children enjoy / playing with me. /
당신은 나를 찾을 수도 있다 / 놀이공원에서 / 아이들은 즐긴다 / 나를 가지고 노는 것을 /

But ❸ **be** careful! / ❹ **Don't touch** me / with sharp things. / I burst / very easily. /
하지만 조심해라 / 나를 만지지 마라 / 날카로운 물건을 가지고 / 나는 터진다 / 아주 쉽게 /

And when I burst, / everyone is surprised! /
그리고 내가 터질 때 / 모두가 깜짝 놀란다 /

구문 설명

❶ 상대방에게 '~해라'라고 명령하는 명령문은 「동사원형 ~.」으로 쓴다.
ex. **Stand** up! 일어서라!

❷ 「명령문 ~, and ...」는 '~해라, 그러면 …할 것이다'라는 의미이다.
ex. **Drink** some water, **and** you will feel better. 물을 조금 마셔라, 그러면 기분이 나아질 것이다.

❸ be동사(am, are, is)가 있는 문장의 명령문은 Be로 문장을 시작한다.
ex. **Be** quiet! 조용해 해라!

본문 해석

처음에, 나는 그냥 작고 납작하다. 내 안으로 공기나 가스를 불어넣어라, 그러면 나는 둥글고 뚱뚱해진다. 나는 하늘로 뜰 수도 있다. 사람들은 나를 가지고 파티나 축제를 축하한다. 당신은 놀이공원에서도 나를 찾을 수 있다. 아이들은 나를 가지고 노는 것을 즐긴다. 하지만 조심해라! 날카로운 물건을 가지고 나를 만지지 마라. 나는 아주 쉽게 터진다. 그리고 내가 터질 때 모두가 깜짝 놀란다!

14 신선한 달걀 고르는 법 39쪽

문제 정답

1 ① **2** fresh

문제 해설

1 A fresh egg is heavy, so it sinks to the bottom.(신선한 달걀은 무거워서 바닥으로 가라앉는다.)이라고 했으므로, 달걀이 바닥에 가라앉아 있는 그림이 알맞다.

2 sink(가라앉다)와 float(뜨다)는 반의어 관계이므로, rotten(썩은)의 반의어인 fresh(신선한)가 빈칸에 알맞다.

가라앉다 : 뜨다 = 신선한 : 썩은

직독 직해

Can you choose fresh eggs? / There is an easy way / ❶ to do it. /
당신은 신선한 달걀을 고를 수 있는가 /　　쉬운 방법이 있다 /　　　그것을 하는 /

❷ Fill a bowl / with cold water / and put an egg / into it. /
그릇을 채워라 /　찬물로 /　　　그리고 달걀 하나를 넣어라 / 그것 안에 /

A fresh egg is heavy, / so it sinks / to the bottom. /
신선한 달걀은 무겁다 /　　그래서 그것은 가라앉는다 / 바닥으로 /

A rotten egg has gases / inside, / so it comes / to the top of the water. /
썩은 달걀은 가스를 가지고 있다 /　내부에 /　그래서 그것은 올라온다 / 물의 표면으로 /

❸ What about a 2-week-old egg? /
2주 된 달걀은 어떤가 /

The egg doesn't sink or float. / Instead, / it stays / in the middle. /
그 달걀은 가라앉거나 뜨지 않는다 /　　대신에 /　그것은 머물러 있다 / 한가운데에 /

구문 설명

❶ to부정사(to + 동사원형)는 앞에 있는 명사(구)를 수식하는 형용사처럼 쓰일 수 있다. an easy way to do는 to do가 앞에 있는 an easy way를 수식하여 '~하는 쉬운 방법'을 의미한다.

ex. I want some food **to eat**. 나는 먹을 음식을 조금 원한다.

❷ 상대방에게 '~해라'라고 명령하는 의미의 문장인 명령문은 「동사원형 ~.」으로 쓴다. 접속사 and가 명령문의 동사 Fill과 put을 연결하고 있다.

ex. **Open** the window and **clean** the room. 그 창문을 열고 방을 청소해라.

❸ 「What about + 명사(구) ~?」는 상대방에게 의견을 물어볼 때 사용하는 표현으로, '~은 어떤가?'라는 의미이다.

ex. **What about** a sandwich for lunch? 점심으로 샌드위치 어때?

본문 해석

당신은 신선한 달걀을 고를 수 있는가? 그것을 하는 쉬운 방법이 있다. 그릇을 찬물로 채우고 달걀 하나를 그것 안에 넣어라. 신선한 달걀은 무거워서, 그것은 바닥으로 가라앉는다. 썩은 달걀은 내부에 가스를 가지고 있어서, 그것은 물의 표면으로 올라온다. 2주 된 달걀은 어떤가? 그 달걀은 가라앉거나 뜨지 않는다. 대신에, 그것은 한가운데에 머물러 있다.

15 식당 음악에 숨겨진 비밀

문제 정답

1 ③ **2** ④ **3** ① **4** calm

문제 해설

1 Music can make people pick certain food.(음악은 사람들이 특정한 음식을 고르도록 만들 수 있다.)가 주제문으로, 음악이 음식 선택에 주는 영향에 관한 글이다.

2 And they often pick healthy food.(그리고 그들은 자주 건강에 좋은 음식을 선택한다.)는 건강에 좋은 음식의 예를 설명하는 문장의 바로 앞에 오는 것이 문맥상 알맞다.

3 음악이 빠르고 시끄러우면 사람들이 기름지거나 설탕이 든 음식(fatty food or sugary food)을 자주 선택하고, 음악이 부드럽고 느리면 사람들이 샐러드나 생선(salads or fish)을 선택한다고 했으므로, 건강해지기를 원한다면 '조용한(quiet) 식당을 선택하고 느린(slow) 음악을 즐겨라'가 문맥상 알맞다.

4 '들뜨지 않은; 조용하고 평화로운(not excited; quiet and peaceful)'을 의미하는 단어는 calm(차분한)이다.

직독 직해

Restaurants ❶ **usually** play music. /
식당들은 대개 음악을 틀어 놓는다 /

You ❷ **may** not know it, / but the music is very important / to people's health. /
당신은 그것을 알지 못할 수도 있다 / 하지만 음악은 매우 중요하다 / 사람들의 건강에 /

Do you know why? / Music can ❸ **make people pick** certain food. /
당신은 그 이유를 아는가 / 음악은 사람들이 특정한 음식을 고르도록 만들 수 있다 /

Is the music fast and loud? / Then people feel excited. /
음악이 빠르고 시끄러운가 / 그러면 사람들은 신이 난다 /

And they often choose junk food. / They may choose fatty food or sugary food. /
그리고 그들은 자주 정크 푸드를 선택한다 / 그들은 기름진 음식이나 설탕이 든 음식을 선택할 수도 있다 /

Is the music soft and slow? / Then people feel calm. /
음악이 부드럽고 느린가 / 그러면 사람들은 차분함을 느낀다 /

And they often pick healthy food. / They may choose salads or fish. /
그리고 그들은 자주 건강에 좋은 음식을 선택한다 / 그들은 샐러드나 생선을 고를 수도 있다 /

It shows / ❹ **that** music is important / for good health. / Do you want / to be healthy? /
그것은 보여준다 / 음악이 중요하다는 것을 / 좋은 건강을 위해 / 당신은 원하는가 / 건강해지기를 /

Then **choose** a quiet restaurant / and **enjoy** slow music. /
그렇다면 조용한 식당을 선택해라 / 그리고 느린 음악을 즐겨라 /

구문 설명

❶ usually는 '대개, 보통'을 의미하는 빈도부사이다. 빈도부사는 주로 일반동사의 앞에 위치한다.

   ex. I **usually** have lunch with my friends. 나는 보통 친구들과 함께 점심을 먹는다.

❷ may는 '~일지도 모른다'를 의미하는 조동사이다. 조동사 뒤에는 항상 동사원형을 쓰고, 부정문은 「may not + 동사원형」으로 쓴다.

   ex. They **may** not come to the party. 그들은 그 파티에 오지 않을지도 모른다.

❸ make가 '~이 …하도록 만들다'를 의미하는 사역동사로 쓰일 때는 「make + 목적어 + 동사원형」으로 쓴다.

   ex. The news **made them cry**. 그 소식은 그들을 울게 만들었다.

❹ 접속사 that은 「that + 주어 + 동사」로 쓰여 '~라는 것'을 의미한다. 동사 show(보여주다)는 접속사 that이 이끄는 문장을 목적어로 쓸 수 있다.

   ex. The report shows **that** they like music. 그 보고서는 그들이 음악을 좋아한다는 것을 보여준다.

식당들은 대개 음악을 틀어 놓는다. 당신은 그것을 알지 못할 수도 있지만, 음악은 사람들의 건강에 매우 중요하다. 당신은 그 이유를 아는가? 음악은 사람들이 특정한 음식을 고르도록 만들 수 있다. 음악이 빠르고 시끄러운가? 그러면 사람들은 신이 난다. 그리고 그들은 자주 정크 푸드를 선택한다. 그들은 기름진 음식이나 설탕이 든 음식을 선택할 수도 있다. 음악이 부드럽고 느린가? 그러면 사람들은 차분함을 느낀다. 그리고 그들은 자주 건강에 좋은 음식을 선택한다. 그들은 샐러드나 생선을 고를 수도 있다. 그것은 음악이 좋은 건강을 위해 중요하다는 것을 보여준다. 당신은 건강해지기를 원하는가? 그렇다면 조용한 식당을 선택하고 느린 음악을 즐겨라.

GRAMMAR 42쪽

1 (1) be   (2) Fill, put   (3) Don't

2 (1) Be kind to animals.

(2) Drive your car carefully.

(3) Don't take photos here.

1 (1) 상대방에게 '~해라'라고 명령하는 명령문은 「동사원형 ~.」으로 쓴다. be동사의 동사원형은 be이다.

아기가 자고 있어요. 조용히 해주세요.

(2) 명령문은 「동사원형 ~.」으로 쓴다. 접속사 and가 동사 Fill과 put으로 시작하는 두 개의 명령문을 연결하고 있다.

그릇을 찬물로 채우고, 달걀 하나를 그 안에 넣어라.

(3) 상대방에게 '~하지 마라'라고 금지하는 부정 명령문은 「Don't + 동사원형 ~.」으로 쓴다.

날카로운 물건으로 나를 만지지 마라.

2 (1) 명령문은 「동사원형 ~.」으로 쓴다. be동사의 동사원형은 be이다.

(2) 명령문은 「동사원형 ~.」으로 쓴다.

(3) 부정 명령문은 「Don't + 동사원형 ~.」으로 쓴다.

WORDS 43쪽

문제 정답 **01** 1. safe 2. use   **02** 1. trick 2. chew   **03** 1. country 2. believe

문제 해석 **01** 1. 그 다리는 매우 오래되었다. 그것은 안전하지 않다.
 2. 우리는 매일 인터넷을 사용한다.
 02 1. Tim은 그의 남동생에게 장난을 친다.
 2. 몇몇 사람들은 껌을 씹는 것을 좋아한다.
 03 1. 중국은 아시아에 있는 큰 나라이다.
 2. 나는 그를 믿지 않는다. 그는 거짓말을 한다.

16 너의 비밀은 내가 지켜 줄게! 44쪽

문제 정답 **1** ⑤   **2** safe

문제 해설 **1** 비밀의 단어(secret word)이고, 사람들이 알지 못하면 파일들을 열 수 없다(can't open the files)고 했으므로, I는 비밀번호(password)임을 알 수 있다.
 2 '다치지 않거나 위험에 처하지 않은(not getting hurt, or not in danger)'을 의미하는 단어는 safe(안전한)이다.

직독 직해

You keep a diary / on the computer / in the living room. /
당신은 일기를 쓴다 / 컴퓨터에서 / 거실에 있는 /

But your parents or sister can use that computer. /
하지만 당신의 부모님이나 여동생이 그 컴퓨터를 사용할 수 있다 /

They ❶ may read your diary. / You are worried / about it. / What ❷ should you do? /
그들이 당신의 일기를 읽을지도 모른다 / 당신은 걱정이 된다 / 그것에 대해 / 당신은 무엇을 해야 할까 /

You should use me / for your files! / I am a secret word, / like a magic key. /
당신은 나를 사용해야 한다 / 당신의 파일들을 위해 / 나는 비밀의 단어이다 / 마법의 열쇠 같은 /

❸ If people don't know me, / they can't open your files. / I will keep them safe. /
만약 사람들이 나를 알지 못하면 / 그들은 당신의 파일들을 열 수 없다 / 내가 그것들을 안전하게 지킬 것이다 /

구문 설명 ❶ may는 '~일지도 모른다'라는 의미의 조동사이다. 조동사 뒤에는 항상 동사원형을 쓴다.
 ex. He **may** come back tomorrow. 그는 내일 돌아올지도 모른다.
 ❷ should는 '~해야 한다'라는 도덕적 의무 또는 충고의 의미를 나타내는 조동사이다. 조동사가 있는 의문사 의문문은 「의문사 + 조동사 + 주어 + 동사원형 ~?」으로 쓴다.
 ex. What **should** we buy? 우리는 무엇을 사야 할까?
 ❸ if는 '만약 ~하면'을 의미하는 접속사로, 「if + 주어 + 동사」로 쓴다.
 ex. **If** you have any questions, let me know. 만약 질문이 있으면 저에게 알려주세요.

(본문 해석)

17 함께하는 것을 좋아하는 돌고래

(문제 정답) **1** ② **2** chew

(문제 해설)

1 돌고래들이 함께 먹이를 사냥하고 함께 놀이를 하는 습성에 관한 글이므로 '돌고래의 떼 지어 사는 습성'이 주제로 가장 알맞다.

2 Dolphins can't chew their food.의 chew(씹다)가 문맥상 알맞다.

우리는 음식을 먹을 때, <u>우리의 치아로 그것을 (잘게) 부순다</u>.

(직독 직해)

Dolphins hunt / in groups. / When they find a fish, / they attack it / together. /
돌고래들은 사냥한다 / 떼를 지어서 / 그들이 물고기를 발견하면 / 그들은 그것을 공격한다 / 함께 /

Dolphins ❶ can't chew their food. / So they ❷ must swallow it / quickly. /
돌고래들은 그들의 먹이를 씹을 수 없다 / 그래서 그들은 그것을 삼켜야 한다 / 빨리 /

If they don't, / the fish will swim away. / Dolphins also like / to play together. /
만약 그들이 그렇게 하지 않으면 / 그 물고기는 헤엄쳐 가 버릴 것이다 / 돌고래들은 또한 좋아한다 / 함께 노는 것을 /

They jump / out of the water / and do tricks / in the air. /
그들은 뛰어오른다 / 물 밖으로 / 그리고 재주를 부린다 / 공중에서 /

They ❸ often chase each other / for fun. /
그들은 종종 서로를 쫓는다 / 재미로 /

(구문 설명)

❶ 「can't[cannot] + 동사원형」은 '~할 수 없다'라는 의미로, 조동사 can의 부정형이다.

ex. I **can't** speak Chinese. 나는 중국어를 말할 수 없다.

❷ must는 '~해야 한다'라는 의무를 나타내는 조동사이다.

ex. You **must** follow the rules. 너는 그 규칙들을 따라야 한다.

❸ often은 '자주, 종종'을 의미하는 빈도부사이다. 빈도부사는 주로 일반동사의 앞에 쓴다.

ex. They **often** play soccer together. 그들은 종종 함께 축구를 한다.

(본문 해석) 돌고래들은 떼를 지어서 사냥한다. 그들은 물고기를 발견하면, 그것을 함께 공격한다. 돌고래들은 그들의 먹이를 씹을 수 없다. 그래서 그들은 그것을 빨리 삼켜야 한다. 만약 그들이 그렇게 하지 않으면, 그 물고기는 헤엄쳐 가 버릴 것이다. 돌고래들은 또한 함께 노는 것을 좋아한다. 그들은 물 밖으로 뛰어오르고 공중에서 묘기를 부린다. 그들은 종종 재미로 서로를 쫓는다.

18 검은 고양이에 관한 미신

46~47쪽

문제 정답

1 ⑤ **2** (1) T   (2) T   (3) F   **3** different

문제 해설

1 검은 고양이가 나라에 따라 행운이나 불운을 의미할 수 있다는 내용이므로 'Black Cats: Lucky or Unlucky?(검은 고양이: 행운일까, 불운일까?)'가 제목으로 가장 알맞다.

① 사람들은 검은 고양이를 좋아할까?

② 검은색 동물들에 대한 재미있는 사실들

③ 검은 고양이가 보이는가? 빨리 도망쳐라!

④ 왜 검은 고양이는 특별한가?

2 (1) In Scotland, some people think it is a good thing.(스코틀랜드에서는 어떤 사람들은 그것이 좋은 일이라고 생각한다.)이라고 했으므로, 스코틀랜드에서는 검은 고양이가 행운을 상징한다는 문장은 본문의 내용과 일치한다.

(2) They say you may get a lot of money or make a new friend.(스코틀랜드 사람들은 당신이 돈을 많이 벌거나 새로운 친구를 사귈 수 있다고 말한다.)라고 했으므로, 스코틀랜드에서는 검은 고양이를 보면 새 친구를 사귈 수 있다고 생각한다는 문장은 본문의 내용과 일치한다.

(3) They say you may lose money or have problems.(그들[미국인들]은 당신이 돈을 잃거나 문제를 겪을지도 모른다고 말한다.)라고 했으므로, 미국에서는 검은 고양이를 보면 돈을 벌 수 있다고 믿는다는 문장은 본문의 내용과 일치하지 않는다.

3 검은 고양이를 보는 것에 대한 해석이 나라마다 다르다는 내용이므로, 빈칸에 공통으로 들어갈 단어는 **different** (다른)이다.

직독 직해

You ❶ **are walking** down the street. / Suddenly, / a black cat quickly passes by. /
당신은 길을 걷고 있다 /　　　　갑자기 /　　　검은 고양이 한 마리가 빠르게 지나간다 /

Is that good or bad? / In Scotland, / some people think / it is a good thing. /
그것은 좋은가 아니면 나쁜가 /　스코틀랜드에서는 /　어떤 사람들은 생각한다 / 그것이 좋은 일이다 /

They believe / that ❷ **seeing** a black cat is lucky. /
그들은 믿는다 /　검은 고양이를 보는 것은 행운이다 /

They say / you **may** get a lot of money / or make a new friend. /
그들은 말한다 / 당신이 많은 돈을 얻을지도 모른다 /　　또는 새로운 친구를 사귄다 /

But in America, / it is very different. /
하지만 미국에서는 /　　(상황이) 매우 다르다 /

Americans ❸ **believe** / a black cat **may** bring bad luck. /
미국인들은 믿는다 /　　　검은 고양이가 불운을 가져올지도 모른다 /

They say / you **may** lose money / or have problems. / So they say / you **must** be careful. /
그들은 말한다 / 당신이 돈을 잃을지도 모른다 / 또는 문제를 겪을지도 모른다 / 그래서 그들은 말한다 / 당신이 조심해야 한다 /

Seeing a black cat / means different things / in different countries. /
검은 고양이를 보는 것은 /　다른 것을 의미한다 /　　다른 나라에서 /

Isn't that interesting? /
그것이 흥미롭지 않은가 /

구문 설명

❶ 「am/are/is + 동사원형-ing」은 현재 '~하고 있다'라는 의미를 나타내는 현재진행형이다.

ex. She **is working** now. 그녀는 지금 일을 하고 있다.

❷ 동명사(동사원형 + -ing)는 문장에서 명사처럼 쓰이는 말로, '~하기, ~하는 것'으로 해석한다. 동명사는 문장의 주어로 쓰일 수 있으며, 동명사 주어는 단수 취급한다.

    ex. **Watching** movies is fun. 영화를 보는 것은 재미있다.

❸ believe는 접속사 that이 이끄는 명사절(that + 주어 + 동사)을 목적어로 쓸 수 있다. 명사절 접속사 that은 생략할 수 있다.

    ex. I **believe (that)** they will succeed. 나는 그들이 성공할 것이라고 믿는다.

본문 해석

당신은 길을 걷고 있다. 갑자기 검은 고양이 한 마리가 빠르게 지나간다. 그것은 좋은가 아니면 나쁜가? 스코틀랜드에서는 어떤 사람들은 그것이 좋은 일이라고 생각한다. 그들은 검은 고양이를 보는 것은 행운이라고 믿는다. 그들은 당신이 많은 돈을 얻거나 새로운 친구를 사귈지도 모른다고 말한다. 하지만 미국에서는 (상황이) 매우 다르다. 미국인들은 검은 고양이가 불운을 가져올지도 모른다고 믿는다. 그들은 당신이 돈을 잃거나 문제를 겪을지도 모른다고 말한다. 그래서 그들은 당신이 조심해야 한다고 말한다. 검은 고양이를 보는 것은 다른 나라에서 다른 것을 의미한다. 그것이 흥미롭지 않은가?

GRAMMAR 48쪽

문제 정답

1 (1) use   (2) lose   (3) swallow

2 (1) may like chocolate

   (2) should get up early

   (3) You must wear a seat belt

문제 해설

1 (1) should는 '~해야 한다'라는 도덕적 의무 또는 충고의 의미를 나타내는 조동사이다. 조동사 뒤에는 항상 동사원형을 쓴다.

   당신은 당신의 파일들을 위해서 비밀번호를 사용해야 한다.

   (2) may는 '~일지도 모른다'라는 추측을 나타내는 조동사이다.

   당신은 돈을 잃거나 문제를 겪을지도 모른다.

   (3) must는 '~해야 한다'라는 의무를 나타내는 조동사이다. 조동사 뒤에는 항상 동사원형을 쓴다.

   돌고래는 물고기가 헤엄쳐 가 버리기 전에 그것을 빨리 삼켜야 한다.

2 (1) 조동사 may는 '~일지도 모른다'라는 추측의 의미를 나타낸다.

   (2) 조동사 should는 '~해야 한다'라는 도덕적 의무 또는 충고의 의미를 나타낸다.

   (3) 조동사 must는 '~해야 한다'라는 의무를 나타낸다.

WORDS 49쪽

문제 정답
01 1. pilot　2. neighbor　　**02** 1. pass　2. shout　　**03** 1. silent　2. artist

문제 해석
01 1. <u>조종사</u>는 비행기를 조종할 수 있다.
2. Jack은 옆집에 산다. 그는 나의 <u>이웃</u>이다.
02 1. 저에게 소금을 <u>건네주세요</u>.
2. 산에 있는 사람들이 "야호!"라고 <u>소리친다</u>.
03 1. 나는 어떤 소리도 들을 수 없다. <u>조용하다</u>.
2. Picasso는 훌륭한 <u>화가</u>였다.

19　배달도 농사도 문제없어요! 50쪽

문제 정답
1 ①　　**2** deliver

문제 해설
1 상자들을 배달하고(deliver boxes), 피자와 커피를 배달하고(delivered pizza and coffee), 식물에 물을 주며(watering plants), 사진을 찍는다(taking pictures)고 했으므로, I는 드론(drone)임을 알 수 있다.
2 '무언가를 어떤 사람에게나 장소로 가져가다(to take something to a person or place)'를 의미하는 단어는 deliver(배달하다)이다.

직독 직해

I do many things / for people. / Yesterday, / I flew to another town / ❶ **to deliver** boxes. /
나는 많은 일을 한다 / 사람들을 위해 / 어제 / 나는 다른 마을로 날아갔다 / 상자들을 배달하기 위해서 /

Then / I delivered pizza and coffee / to my neighbor. /
그런 다음 / 나는 피자와 커피를 배달했다 / 나의 이웃에게 /

Now, / I ❷ **am watering** plants / on a farm / from above. /
지금 / 나는 식물들에 물을 주고 있다 / 농장에 있는 / 위에서 /

And / my friend ❸ **is taking** pictures of the farm / from the sky. /
그리고 / 나의 친구는 농장의 사진들을 찍고 있다 / 하늘에서 /

Do you think / I'm an airplane? / No, I'm not. / I fly alone / without a pilot. /
당신은 생각하는가 / 내가 비행기라고 / 아니, 그렇지 않다 / 나는 혼자 비행한다 / 조종사 없이 /

구문 설명

❶ to부정사(to + 동사원형)는 '~하기 위해서'라는 목적의 뜻을 나타낼 수 있다.
ex. I study hard **to pass** the exam. 나는 그 시험에 합격하기 위해서 열심히 공부한다.

❷ 「am/are/is + 동사원형-ing」는 현재 '~하고 있다'라는 의미를 나타내는 현재진행형이다.
ex. We **are doing** our homework. 우리는 숙제를 하고 있다.

❸ 진행형에서 take와 같이 -e로 끝나는 동사는 e를 빼고 -ing를 붙인다.
ex. He **is writing** an email. 그는 이메일을 쓰고 있다.

나는 사람들을 위해 많은 일을 한다. 어제 나는 상자들을 배달하기 위해서 다른 마을로 날아갔다. 그런 다음 나는 나의 이웃에게 피자와 커피를 배달했다. 지금, 나는 위에서 농장에 있는 식물들에 물을 주고 있다. 그리고 나의 친구는 하늘에서 그 농장의 사진들을 찍고 있다. 당신은 내가 비행기라고 생각하는가? 아니, 그렇지 않다. 나는 조종사 없이 혼자 비행한다.

20 안 봐도 다 알지!

51쪽

문제 정답

1 ②　　**2** face

문제 해설

1 Miss Olivia has eyes and ears in the back of her head.(Olivia 선생님은 머리 뒤쪽에 눈과 귀가 있다.)는 직접 보지 않아도 학생들의 행동을 모두 안다는 의미이다.

2 So she is facing the blackboard.의 face(~을 향하다; 얼굴)가 문맥상 알맞다. 진행형에서 face와 같이 -e로 끝나는 동사는 e를 빼고 -ing를 붙인다

(1) 그 아기는 귀여운 얼굴을 가지고 있다.

(2) 해바라기는 종종 태양을 향한다.

직독 직해

Miss Olivia has eyes and ears / in the back of her head. /
Olivia 선생님은 눈과 귀가 있다 / 　　　그녀의 머리 뒤쪽에 /

She is writing / on the blackboard. / So she is facing the blackboard. /
그녀는 글을 쓰고 있다 / 칠판에 / 　　　그래서 그녀는 칠판을 마주보고 있다 /

Tom ❶ passes me a note. /
Tom이 나에게 쪽지를 건네준다 /

Just then / Miss Olivia says, / "❷ Don't pass notes / to each other." /
바로 그때 / Olivia 선생님이 말한다 / 쪽지를 건네지 마라 / 서로에게 /

How does she know? / She is still looking at the blackboard! /
그녀는 어떻게 알았을까 / 　　그녀는 여전히 칠판을 보고 있다 /

Jack looks at us / and laughs. / Then Miss Olivia shouts, / "Don't laugh, / Jack!" /
Jack이 우리를 본다 / 그리고 웃는다 / 그러자 Olivia 선생님이 소리친다 / 웃지 마 / Jack /

구문 설명

❶ 「pass A B」는 'A에게 B를 건네주다'를 의미한다.

ex. Can you **pass me the pen**? 나에게 그 펜 좀 건네줄래?

❷ 「Don't + 동사원형 ~.」은 상대방에게 '~하지 마라'라고 금지하는 부정 명령문이다.

ex. **Don't make** noise. 시끄럽게 하지 마라.

본문 해석

Olivia 선생님은 그녀의 머리 뒤쪽에 눈과 귀가 있다. 그녀는 칠판에 글을 쓰고 있다. 그래서 그녀는 칠판을 마주보고 있다. Tom이 나에게 쪽지를 건네준다.

바로 그때 Olivia 선생님이 "서로에게 쪽지를 건네지 마라."라고 말한다.

그녀는 어떻게 알았을까? 그녀는 여전히 칠판을 보고 있다! Jack이 우리를 보고 웃는다.

그러자 Olivia 선생님이 "웃지 마, Jack!"이라고 소리친다.

21 왕의 초상화

문제 정답 1 ③   2 화가가 왕의 단점을 잘 숨기면서도 용감한 모습으로 초상화를 그려주었기 때문에   3 ④

문제 해설

1 And his one eye was closed and his one leg was bent.(그리고 그의 한쪽 눈은 감겨 있고 한쪽 다리는 구부러져 있었다.)라고 했으므로, 한쪽 눈을 감고 한쪽 다리를 구부린 왕의 그림이 가장 알맞다.

2 The picture showed a brave king, and it also hid his weakness well.(그 그림은 용감한 왕을 보여주었고, 그것은 또한 그의 약점을 잘 숨겼다.)이라고 했으므로, 화가가 왕의 단점을 잘 숨기면서도 용감한 모습으로 초상화를 그려주었기 때문에 왕이 그림을 보고 기뻐했음을 알 수 있다.

3 The king was very pleased and gave a lot of gold to the artist.(왕은 매우 기뻐하며 그 화가에게 많은 금을 주었다.)라고 했으므로, 왕이 화가의 그림을 마음에 들어했음을 알 수 있다. 따라서 wise(현명한)가 빈칸에 가장 알맞다.

얼마나 현명한가!

직독 직해

Once upon a time, / there was a scary king. / The king had only one eye and one leg, /
옛날에 /   무서운 왕이 있었다 /   그 왕은 하나의 눈과 하나의 다리만을 가지고 있었다 /

so people were afraid of him. / One day, / the king wanted a picture of ❶ himself. /
그래서 사람들은 그를 두려워했다 /   어느 날 /   그 왕은 자신의 그림을 원했다 /

He ❷ told many artists / to draw one. /
그는 많은 화가들에게 말했다 /   (자신의) 그림을 그리라고 /

Most artists stayed silent / because they were scared. /
대부분의 화가들은 침묵했다 /   그들은 무서웠기 때문이었다 /

Only one artist bravely said yes. /
오직 한 명의 화가만이 용감하게 그러겠다고 말했다 /

A few days later, / he finished the picture. / In the picture, / the king ❸ was hunting. /
며칠 후 /   그는 그림을 완성했다 /   그 그림 속에서 /   그 왕은 사냥을 하고 있었다 /

And / his one eye was closed / and his one leg was bent. /
그리고 / 그의 한쪽 눈은 감겨 있었다 /   그리고 그의 한쪽 다리는 구부러져 있었다 /

The picture showed a brave king, / and it also hid his weakness well. / ❹ How wise! /
그 그림은 용감한 왕을 보여주었다 /   그리고 그것은 또한 그의 약점을 잘 숨겼다 /   얼마나 현명한가 /

The king was very pleased / and gave a lot of gold / to the artist. /
그 왕은 매우 기뻐했다 /   그리고 많은 금을 주었다 /   그 화가에게 /

구문 설명

❶ 동사나 전치사의 목적어가 주어 자신을 나타낼 때 재귀대명사를 쓴다. 재귀대명사는 「인칭대명사의 소유격/목적격 + -self/-selves」로 쓰고, '~ 자신'으로 해석한다.
  ex. She always talks about **herself**. 그녀는 항상 그녀 자신에 대해 이야기한다.

❷ 「tell + 목적어 + to부정사」는 '~에게 …하라고 말하다'라는 의미이다.
  ex. The teacher **told** us **to be** quiet. 그 선생님은 우리에게 조용히 하라고 말했다.

❸ 「was/were + 동사원형-ing」는 과거에 '~하고 있었다'라는 의미를 나타내는 과거진행형이다.
  ex. I **was watching** TV at that time. 나는 그때 TV를 보고 있었다.

❹ 「How + 형용사 (+ 주어 + 동사)」는 '정말 ~하구나!'를 의미하는 감탄문이다.
  ex. **How beautiful** (she is)! (그녀는) 정말 아름답구나!

옛날에, 무서운 왕이 있었다. 그 왕은 하나의 눈과 하나의 다리만을 가지고 있어서, 사람들은 그를 두려워했다. 어느 날, 그 왕은 자신의 그림을 원했다. 그는 많은 화가들에게 (자신의) 그림을 그리라고 말했다. 대부분의 화가들은 무서웠기 때문에 침묵했다. 오직 한 명의 화가만이 용감하게 그러겠다고 말했다. 며칠 후, 그는 그림을 완성했다. 그 그림 속에서, 그 왕은 사냥을 하고 있었다. 그리고 그의 한쪽 눈은 감겨 있었고 한쪽 다리는 구부러져 있었다. 그 그림은 용감한 왕을 보여주었고, 그것은 또한 그의 약점을 잘 숨겼다. 얼마나 현명한가! 그 왕은 매우 기뻐하며 그 화가에게 많은 금을 주었다.

GRAMMAR

54쪽

문제 정답

1 (1) looking　　(2) hunting　　(3) taking

2 (1) Amy is doing her homework

(2) We are waiting for our friends

(3) They were watching TV

문제 해설

1 (1) 현재 '~하고 있다'라는 의미를 나타내는 현재진행형은 「am/are/is + 동사원형-ing」로 쓴다.

그녀는 칠판을 보고 있다.

(2) 과거에 '~하고 있었다'라는 의미를 나타내는 과거진행형은 「was/were + 동사원형-ing」로 쓴다.

그 그림 속에서, 그 왕은 사냥을 하고 있었다.

(3) 진행형에서 take와 같이 -e로 끝나는 동사는 e를 빼고 -ing를 붙인다.

나의 친구는 그 농장의 사진들을 찍고 있다.

2 (1) 주어(Amy)가 3인칭 단수이므로 현재진행형은 「is + 동사원형-ing」로 쓴다.

(2) 주어(We)가 복수이므로 현재진행형은 「are + 동사원형-ing」로 쓴다.

(3) 주어(They)가 복수이므로 과거진행형은 「were + 동사원형-ing」로 쓴다.

WORDS   55쪽

문제 정답   **01** 1. crawl   2. colorful   **02** 1. Makeup   2. exercise   **03** 1. enough   2. talent

문제 해석   **01** 1. 개미들은 벽을 <u>기어갈</u> 수 있다.

2. 그 꽃들은 <u>다채롭고</u> 아름답다.

02 1. <u>화장</u>은 사람을 예뻐 보이게 만든다.

2. 나는 매일 공원에서 <u>운동한다</u>.

03 1. 그 음식은 <u>충분하지</u> 않다. 나는 더 많이 원한다.

2. 그 여자아이는 연기에 <u>재능</u>을 가지고 있다.

22   난 언젠가 날 거야!   56쪽

문제 정답   **1** ②   **2** crawl

문제 해설   **1** 많은 다리와 털(a lot of legs and hair)을 가지고 있고, 잎사귀 위를 기어다니고(crawl on green leaves), 날개를 가지는 것을 꿈꾼다(I dream that I have large, beautiful wings.)고 했으므로, I는 애벌레 (caterpillar)임을 알 수 있다.

2 '무언가의 위를 매우 천천히 이동하다(to move very slowly on something)'를 의미하는 단어는 crawl (기어가다)이다.

직독 직해

I live / in a beautiful garden. / I have a lot of legs and hair, / so I may ❶ look scary. /
나는 산다 / 아름다운 정원에서 /   나는 많은 다리와 털을 가지고 있다 /   그래서 나는 무섭게 보일지도 모른다 /

I crawl / on green leaves / and eat them. / I sometimes eat flowers, too. /
나는 기어다닌다 / 녹색 잎사귀 위를 /   그리고 그것들을 먹는다 / 나는 때때로 꽃도 먹는다 /

I have a big dream. / I dream / ❷ that I have large, beautiful wings. /
나는 큰 꿈이 하나 있다 /   나는 꿈꾼다 /   크고 아름다운 날개를 가지는 것을 /

With wings, / I can fly high / above colorful flowers / in the garden. /
날개가 있으면 /   나는 높이 날 수 있다 / 형형색색의 꽃들 위로 /   정원에 있는 /

I hope / that my dream will come true / soon. /
나는 소망한다 / 나의 꿈이 이루어지기를 /   곧 /

구문 설명   ❶ 「look + 형용사」는 '~하게 보이다'라는 의미이다.

ex. You **look happy** today. 너는 오늘 행복해 보인다.

❷ 접속사 that은 「that + 주어 + 동사」로 쓰여 '~라는 것'을 의미한다. 동사 dream(꿈꾸다)은 접속사 that이 이끄는 문장을 목적어로 쓸 수 있다.

ex. I dream **that** I travel around the world. 나는 세계 여행을 하는 것을 꿈꾼다.

나는 아름다운 정원에서 산다. 나는 많은 다리와 털을 가지고 있어서 나는 무섭게 보일지도 모른다. 나는 녹색 잎사귀 위를 기어다니고 그것들을 먹는다. 나는 때때로 꽃도 먹는다. 나는 큰 꿈이 하나 있다. 나는 크고 아름다운 날개를 가지는 것을 꿈꾼다. 날개가 있으면, 나는 정원에 있는 형형색색의 꽃들 위로 높이 날 수 있다. 나는 나의 꿈이 곧 이루어지기를 소망한다.

23 화장하는 아이들

57쪽

문제 정답

1 ⑤　　**2** 기분 좋게 만들기 때문에 / 자신의 장점을 잘 보여줄 수 있고 단점을 감출 수 있기 때문에

문제 해설

1 빈칸의 뒤는 십 대들의 화장에 대해 사람들이 걱정하는 내용이므로 빈칸에는 worried(걱정하는)가 가장 알맞다.
　① 신이 난　② 자랑스러워하는　③ 놀란　④ 기뻐하는

2 Because it makes them feel good.(그것이 그들을 기분 좋게 만들기 때문이다.)와 When they wear makeup, they can show off their good points. They can also hide their weak points.(그들은 화장을 하면, 자신들의 장점을 뽐낼 수 있다. 그들은 또한 자신들의 약점을 숨길 수도 있다.)로 보아, 십 대들이 화장을 하는 이유는 그것이 그들을 기분 좋게 만들고, 자신들의 장점을 잘 보여줄 수 있으며 단점을 감출 수 있기 때문임을 알 수 있다.

직독 직해

Today, / many teenagers enjoy / wearing makeup. / Why? /
오늘날 /　많은 십 대들이 즐긴다 /　　화장하는 것을 /　　왜일까 /

Because it ❶ makes them feel good. /
그것이 그들을 기분 좋게 만들기 때문이다 /

When they wear makeup, / they can show off their good points. /
그들은 화장을 하면 /　　　　그들은 자신들의 장점을 뽐낼 수 있다 /

They can also hide their weak points. / However, / some people are worried. /
그들은 또한 자신들의 약점을 숨길 수도 있다 /　　하지만 /　　몇몇 사람들은 걱정한다 /

They think / makeup is bad / for teenagers' young skin. /
그들은 생각한다 / 화장이 나쁘다고 /　　십 대들의 어린 피부에 /

They say, / "Eat good food and exercise. / This will make you beautiful / inside and out. /
그들은 말한다 / 좋은 음식을 먹고 운동을 해라 /　　이것은 당신을 아름답게 만들 것이다 /　　안팎으로 /

It is ❷ better / than makeup." /
이것이 더 좋다 /　　화장보다 /

구문 설명

❶ make가 '~이 …하도록 만들다'를 의미하는 사역동사로 쓰일 때는 「make + 목적어 + 동사원형」으로 쓴다.
　ex. They always **make me laugh**. 그들은 항상 나를 웃게 만든다.

❷ 「형용사의 비교급 + than」은 '~보다 더 …한'이라는 의미로, better는 good의 비교급이다.
　ex. Jack is **taller than** his brother. Jack은 그의 형보다 키가 더 크다.

본문 해석

오늘날, 많은 십 대들이 화장하는 것을 즐긴다. 왜일까? 그것이 그들을 기분 좋게 만들기 때문이다. 그들은 화장을 하면, 자신들의 장점을 뽐낼 수 있다. 그들은 또한 자신들의 약점을 숨길 수도 있다. 하지만, 몇몇 사람들은 걱정한다. 그들은 화장이 십 대들의 어린 피부에 나쁘다고 생각한다. 그들은 말한다. "좋은 음식을 먹고 운동을 해라. 이것은 당신을 안팎으로 아름답게 만들 것이다. 이것이 화장보다 더 좋다."

24 우리가 몰랐던 스타에 관한 진실

58~59쪽

문제 정답

1 ③　**2** ①　**3** ①

문제 해설

1 Becoming a star is very hard work.(스타가 되는 것은 매우 힘든 일이다.)가 이 글의 주제문으로, Being a Star Is Not Easy(스타가 되는 것은 쉽지 않다)가 제목으로 가장 알맞다.

① 돈을 벌기 위해서는 스타가 되어라

② 스타는 타고나는 것이 아니라 만들어지는 것이다

④ 당신의 꿈을 실현시켜라

⑤ 소년 소녀들이여, 큰 꿈을 가져라

2 However, they may not know the truth.(하지만, 그들은 진실을 알지 못할 수도 있다.)는 아이들이 어릴 때부터 유명인이 되기를 꿈꾼다는 문장의 바로 뒤에 오는 것이 알맞다.

3 talent는 '재능'이라는 의미이므로 '특별한 재주(a special skill)'이 알맞다.

② 유명한 노래　③ 젊은 사람　④ 특별한 재주를 가진 사람　⑤ 무언가에 대한 사실

직독 직해

Many kids ❶ want / to become famous. / They think / that singers and actors are cool. /
많은 아이들이 원한다 / 　유명해지기를 / 　　그들은 생각한다 / 가수들과 배우들이 멋지다고 /

Some kids believe / that they make a lot of money. /
몇몇 아이들은 믿는다 / 　그들이 많은 돈을 번다고 /

So / from a young age, / they dream / of becoming one. /
그래서 / 어릴 때부터 / 　그들은 꿈꾼다 / 　가수나 배우가 되는 것을 /

However, / they may not know the truth. / ❷ Becoming a star / is very hard work. /
하지만 / 　그들은 진실을 알지 못할 수도 있다 / 　　스타가 되는 것은 / 　매우 힘든 일이다 /

First, / you must have great talent. / You must also work / really hard. /
먼저 / 　당신은 훌륭한 재능을 가져야 한다 / 　당신은 또한 노력해야 한다 / 　정말 열심히 /

Sadly, / only a few people succeed. / And / ❸ many of them / don't make enough money. /
안타깝게도 / 오직 극소수의 사람들만 성공한다 / 　그리고 / 　그들 중 많은 사람들이 / 충분한 돈을 벌지 못한다 /

They often need ❹ another job. / Being a star / is never easy. /
그들은 종종 또 다른 직업이 필요하다 / 　스타가 되는 것은 / 　결코 쉽지 않다 /

Do you still dream / about it? /
당신은 아직도 꿈꾸는가 / 　그것에 대해 /

구문 설명

❶ want는 to부정사(to + 동사원형)를 목적어로 쓰는 동사로, 「want + to부정사」는 '~하는 것을 원하다'라는 의미를 나타낸다.

ex. I **want to eat** a hamburger. 나는 햄버거를 먹기를 원한다.

❷ 「동사원형 + -ing」의 형태의 동명사는 문장의 주어로 쓰일 수 있다.

   ex. **Playing** computer games is fun. 컴퓨터 게임을 하는 것은 재미있다.

❸ 「many of + 복수 명사」는 '~들 중의 많은 수'라는 의미이다.

   ex. **Many of the students** like the song. 그 학생들 중의 많은 수가 그 노래를 좋아한다.

❹ 「another + 단수 명사」는 '또 하나의(한 사람의) ~'라는 의미이다.

   ex. I want **another cookie**. 나는 쿠키를 하나 더 원한다.

본문 해석

많은 아이들이 유명해지기를 원한다. 그들은 가수들과 배우들이 멋지다고 생각한다. 몇몇 아이들은 그들이 많은 돈을 번다고 믿는다. 그래서 어릴 때부터, 그들은 가수나 배우가 되는 것을 꿈꾼다. 하지만, 그들은 진실을 알지 못할 수도 있다. 스타가 되는 것은 매우 힘든 일이다. 먼저, 당신은 훌륭한 재능을 가져야 한다. 당신은 또한 정말 열심히 노력해야 한다. 안타깝게도, 오직 극소수의 사람들만 성공한다. 그리고 그들 중 많은 사람들이 충분한 돈을 벌지 못한다. 그들은 종종 또 다른 직업이 필요하다. 스타가 되는 것은 결코 쉽지 않다. 당신은 아직도 그것에 대해 꿈꾸는가?

GRAMMAR 60쪽

문제 정답

1 (1) that my dream will come true soon

(2) that makeup is bad for teenagers' young skin

(3) that stars make a lot of money

2 (1) the problem is easy

(2) that they will come back

(3) that you like reading books

문제 해설

1 (1) 명사절 접속사 that은 「that + 주어 + 동사」로 쓰여 '~라는 것'을 의미한다. that절의 주어는 my dream, 동사는 will come true이다.

   나는 나의 꿈이 곧 이루어지기를 소망한다.

(2) that절의 주어는 makeup, 동사는 is이다.

   몇몇 사람들은 화장이 십 대들의 어린 피부에 나쁘다고 생각한다.

(3) that절의 주어는 stars, 동사는 make이다.

   몇몇 아이들은 스타들이 많은 돈을 번다고 생각한다.

2 (1) thinks 뒤에 명사절을 이끄는 접속사 that이 생략된 문장으로, that절의 주어는 the problem, 동사는 is이다.

(2) that절의 주어는 they, 동사는 will come back이다.

(3) that절의 주어는 you, 동사는 like이다.

  61쪽

문제 정답 **01** 1. flavor   2. snack   **02** 1. pool   2. glasses   **03** 1. mistake   2. plan

문제 해석 **01** 1. 사탕의 맛은 달콤하다.
2. 내가 가장 좋아하는 간식은 초콜릿 칩 쿠키이다.
02 1. 몇 마리의 오리들이 웅덩이에서 헤엄치고 있다.
2. 나는 잘 볼 수 없기 때문에 안경이 필요하다.
03 1. 그는 시험에서 큰 실수를 했다.
2. 나는 여름 휴가를 위한 멋진 계획이 있다.

25 난 항상 영화와 단짝이지!

62쪽

문제 정답 1 ②   2 share

문제 해설 1 영화관에서 큰 통에 담겨 나오고(I come in big buckets at the cinema), 달콤하거나 짭짤하고(sweet or salty), 만들 때 펑하고 터진다(I POP)고 했으므로, I는 팝콘(popcorn)임을 알 수 있다.
2 everyone likes to share me의 share(나눠 먹다; 같이 쓰다)가 문맥상 알맞다.
(1) 우리 그 피자를 함께 나눠 먹자.
(2) 나는 내 여동생과 그 방을 같이 쓴다.

직독 직해

I'm a yummy snack. /
나는 맛있는 간식이다 /

I come in big buckets / at the cinema, / and everyone likes / ❶ to share me. /
나는 큰 통에 담겨 나온다 /   영화관에서 /   그리고 모두가 좋아한다 /   나를 나눠 먹는 것을 /

You can find me / in different colors and flavors / at stores, too. /
당신은 나를 찾을 수 있다 / 다양한 색깔과 맛으로 /   상점에서도 /

I ❷ can be sweet or salty. / People cook me / in a special machine / or on the stove. /
나는 달콤하거나 짭짤할 수 있다 /   사람들은 나를 요리한다 / 특별한 기계에서 /   또는 레인지에서 /

Making me / is really fun. / Why? / Because I POP! /
나를 만드는 것은 / 정말 재미있다 /   왜냐고 / 나는 '펑하고 터지기' 때문이다 /

구문 설명 ❶ to부정사(to + 동사원형)는 명사처럼 동사의 목적어로 쓰일 수 있다. like는 to부정사를 목적어로 쓸 수 있는 동사이다.
ex. He likes **to ride** a bike. 그는 자전거 타는 것을 좋아한다.

본문 해석

나는 맛있는 간식이다. 나는 영화관에서 큰 통에 담겨 나오고, 모두가 나를 나눠 먹는 것을 좋아한다. 당신은 상점에서도 다양한 색깔과 맛으로 나를 찾을 수 있다. 나는 달콤하거나 짭짤할 수 있다. 사람들은 나를 특별한 기계나 레인지에서 요리한다. 나를 만드는 것은 정말 재미있다. 왜냐고? 나는 '펑하고 터지기' 때문이다!

26 펭귄도 사람처럼 이것이 필요해요

63쪽

문제 정답

1 펭귄들에게 안경을 만들어 준 것   **2** ①

문제 해설

1 다음 문장인 The zoo made glasses for them!(그 동물원은 그들에게 안경을 만들어 주었다!)으로 보아 something special이 가리키는 것은 동물원이 펭귄들에게 안경을 만들어 준 것이다.

2 앞을 잘 볼 수 없었던(couldn't see well) 펭귄들이 안경을 쓰게 되었다(wore the glasses)고 했으므로, '그들은 더 잘 볼(see better) 수 있었다'가 문맥상 알맞다.

② 크게 자라다 ③ 잘 듣다 ④ 쉽게 숨다 ⑤ 빨리 수영하다

직독 직해

There were old penguins / at the zoo. / The penguins ❶ **couldn't see** / well. /
나이 든 펭귄들이 있었다 /   동물원에 /   그 펭귄들은 앞을 볼 수 없었다 /   잘 /

The zoo wanted / to help them, / so they did / something special. /
그 동물원은 원했다 /   그들을 돕기를 /   그래서 그들은 했다 / 특별한 일을 /

The zoo ❷ **made** glasses / **for** them! /
그 동물원은 안경을 만들어 주었다 /   그들에게 /

After the penguins wore the glasses, / they could see better. /
그 펭귄들이 안경을 쓴 후에 /   그들은 더 잘 볼 수 있었다 /

Now, / they love / to wear the glasses. / The penguins easily find small fish
이제 /   그들은 아주 좋아한다 / 그 안경을 쓰는 것을 /   그 펭귄들은 작은 물고기들을 쉽게 찾는다 /

in their pool. / They enjoy delicious meals / every day. /
그들의 수영장에서 /   그들은 맛있는 식사를 즐긴다 /   매일 /

구문 설명

❶ 「couldn't(could not) + 동사원형」은 '~할 수 없었다'라는 의미로, 조동사 can의 과거 시제 부정형이다.

ex. I **couldn't** find my key. 나는 내 열쇠를 찾을 수 없었다.

❷ 「make A for B」는 'B에게 A를 만들어 주다'라는 의미이다.

ex. Mom **made** a cake **for** us. 엄마는 우리에게 케이크를 만들어 주셨다.

본문 해석

동물원에 나이 든 펭귄들이 있었다. 그 펭귄들은 앞을 잘 볼 수 없었다. 그 동물원은 그들을 돕기를 원해서, 그들은 특별한 일을 했다. 그 동물원은 그들에게 안경을 만들어 주었다! 그 펭귄들이 안경을 쓴 후에, 그들은 더 잘 볼 수 있었다. 이제, 그들은 그 안경을 쓰는 것을 아주 좋아한다. 그 펭귄들은 그들의 수영장에서 작은 물고기들을 쉽게 찾는다. 그들은 매일 맛있는 식사를 즐긴다.

27 Samson의 후회 64~65쪽

문제 정답

1 ④　**2** ⑤　**3** Samson이 Delilah에게 자신의 비밀을 말한 것　**4** secret

문제 해설

1 The plan was to make Samson weak.(그 계획은 Samson을 약하게 만드는 것이었다.)로 보아, 적들이 Samson에게 Delilah를 보낸 이유는 그의 약점을 알아내기 위해서임을 알 수 있다.

2 Delilah가 Samson의 머리카락을 자른 후에 Samson은 그의 힘을 잃었다(lost)는 내용이 흐름상 자연스럽다. lost는 lose(잃다)의 과거형이다.

3 Samson이 자신의 힘은 긴 머리카락에서 나온다(My power comes from my long hair.)는 비밀을 Delilah에게 말해서(told her his secret), 그녀가 그의 머리카락을 잘랐으므로(cut his hair), his mistake (그의 실수)는 Samson이 Delilah에게 자신의 비밀을 말한 것을 가리킨다.

4 '당신이 누구에게도 말하지 않는 것(something you don't tell anyone)'을 의미하는 단어는 secret (비밀)이다.

직독 직해

There once lived / a very strong man / in Israel. / His name was Samson. /
옛날에 살았다 / 아주 힘이 센 남자가 / 이스라엘에는 / 그의 이름은 Samson이었다 /

He could fight big lions. / His enemies were very scared of him, /
그는 큰 사자들과 싸울 수 있었다 / 그의 적들은 그를 매우 무서워했다 /

so they made a plan. / The plan was ❶ to make Samson weak. /
그래서 그들은 계획을 세웠다 / 그 계획은 Samson을 약하게 만드는 것이었다 /

They ❷ sent a beautiful woman, Delilah, / to Samson. / Samson fell in love with her. /
그들은 아름다운 여인인 Delilah를 보냈다 / Samson에게 / Samson은 그녀와 사랑에 빠졌다 /

They started / to live together. / One day, / he ❸ told her his secret. /
그들은 시작했다 / 함께 살기 / 어느 날 / 그는 그녀에게 자신의 비밀을 말했다 /

He said, / "My power comes / from my long hair." /
그는 말했다 / 내 힘은 나와요 / 나의 긴 머리카락으로부터 /

That night, / while Samson ❹ was sleeping, / Delilah cut his hair. /
그날 밤 / Samson이 자고 있는 동안 / Delilah는 그의 머리카락을 잘랐다 /

So Samson lost his power. / The next morning, / he woke up / and found out about it. /
그래서 Samson은 그의 힘을 잃었다 / 그 다음 날 아침 / 그는 깨어났다 / 그리고 그것에 대해 알게 되었다 /

He realized his mistake / and cried out loud. /
그는 자신의 실수를 깨달았다 / 그리고 큰 소리로 울었다 /

구문 설명

❶ to부정사(to + 동사원형)는 명사처럼 be동사 뒤에서 보어로 쓰일 수 있다.

　ex. His job is **to treat** sick people. 그의 직업은 아픈 사람들을 치료하는 것이다.

❷ 「send A to B」는 'A를 B에게 보내다'라는 의미이다.

　ex. I **sent** text messages **to** my friends. 나는 내 친구들에게 문자 메시지를 보냈다.

❸ 「tell A B」는 'A에게 B를 말하다'라는 의미이다.

　ex. I can **tell you the truth**. 나는 너에게 진실을 말할 수 있다.

❹ 「was/were + 동사원형-ing」는 과거에 '~하고 있었다'라는 의미를 나타내는 과거진행형이다.

　ex. She **was reading** a book then. 그녀는 그때 책을 읽고 있었다.

옛날에 이스라엘에는 아주 힘이 센 남자가 살았다. 그의 이름은 Samson이었다. 그는 큰 사자들과 싸울 수 있었다. 그의 적들은 그를 매우 무서워해서, 그들은 계획을 세웠다. 그 계획은 Samson을 약하게 만드는 것이었다. 그들은 아름다운 여인인 Delilah를 Samson에게 보냈다. Samson은 그녀와 사랑에 **빠졌다**. 그들은 함께 살기 시작했다. 어느 날, 그는 그녀에게 자신의 비밀을 말했다. 그는 말했다, "내 힘은 나의 긴 머리카락으로부터 나와요." 그날 밤, Samson이 자고 있는 동안, Delilah는 그의 머리카락을 잘랐다. 그래서 Samson은 그의 힘을 얻었다(→ 잃었다). 그다음 날 아침, 그는 깨어나서 그것에 대해 알게 되었다. 그는 자신의 실수를 깨닫고 큰 소리로 울었다.

GRAMMAR

66쪽

1 (1) to share　　(2) to help　　(3) to make

2 (1) want to watch fun movies

(2) They started to learn English

(3) Her dream is to become an artist.

1 (1) like는 to부정사(to + 동사원형)를 목적어로 쓸 수 있다.

　　나는 내 장난감을 내 친구와 <u>같이 쓰는 것을</u> 좋아한다.

(2) want는 to부정사를 목적어로 쓰는 동사이다.

　　그 동물원은 그 나이 든 펭귄들을 <u>돕기를</u> 원했다.

(3) to부정사는 be동사의 뒤에서 보어로 쓰일 수 있다.

　　그 계획은 Samson을 약하게 <u>만드는 것</u>이었다.

2 (1) to부정사가 동사 want의 목적어로 쓰였다.

(2) to부정사가 동사 started의 목적어로 쓰였다.

(3) to부정사가 be동사의 뒤에서 보어로 쓰였다.

문제 정답 **01** 1. hobby   2. climb   **02** 1. remember   2. information   **03** 1. popular   2. real

문제 해석 **01** 1. 나의 <u>취미</u>는 그림을 그리는 것이다.
2. 나는 이 산을 <u>오르기</u>를 원한다.
02 1. 나는 너의 생일을 <u>기억할</u> 것이다.
2. 인터넷은 많은 <u>정보</u>를 가지고 있다.
03 1. 그 노래는 많은 사람들에게 <u>인기</u> 있다.
2. 산타클로스는 <u>진짜</u> 사람이 아니다.

28 나는 재주가 많은 동물이에요!   68쪽

문제 정답 **1** ⑤   **2** hobby

문제 해설 **1** 튼튼한 팔과 다리를 가지고 있고(have strong arms and legs), 나무를 잘 오르고(climb trees very well), 사람처럼 생겼고(look like a human), 사람들의 행동을 따라 하는 것을 아주 좋아한다(love copying human actions)고 했으므로, I는 원숭이(monkey)임을 알 수 있다.
① 토끼 ② 다람쥐 ③ 코끼리 ④ 코알라

2 It's not just my hobby.의 hobby(취미)가 문맥상 알맞다.
당신은 여가 시간에 재미로 <u>이것</u>을 하는 것을 즐긴다.

직독 직해

I have strong arms and legs, / so I can climb trees / very well. /
나는 튼튼한 팔과 다리를 가지고 있다 /   그래서 나는 나무를 기어오를 수 있다 / 아주 잘 /

❶ **Jumping** from tree to tree / is easy / for me. / I also have a long tail. /
나무에서 나무로 뛰어오르는 것은 /   쉽다 /   나에게 /   나는 긴 꼬리도 가지고 있다 /

It helps me / grab the tree branches. / Fruits are my favorite snack. /
그것은 나를 돕는다 / 나뭇가지들을 잡는 것을 /   과일은 내가 가장 좋아하는 간식이다 /

I eat bananas, mangoes, and papayas. /
나는 바나나, 망고, 그리고 파파야를 먹는다 /

I ❷ **look like** a human, / but my body has soft fur / all over. /
나는 사람처럼 생겼다 /   하지만 나의 몸은 부드러운 털을 가지고 있다 / 온통 /

I love copying human actions. / It's not just my hobby. /
나는 사람의 행동을 따라 하는 것을 아주 좋아한다 / 그것은 단지 나의 취미가 아니다 /

It's my way / of learning new things. /
그것은 나의 방식이다 / 새로운 것을 배우는 /

구문 설명 ❶ 동명사는 「동사원형＋-ing」의 형태로 문장에서 명사처럼 쓰이는 말로, '～하기, ～하는 것'으로 해석한다. 동명사는 문장의 주어로 쓰일 수 있으며, 동명사 주어는 항상 단수로 취급한다.
ex. **Cooking** <u>is</u> my hobby. 요리하는 것은 나의 취미이다.

❷ 「look like + 명사(구)」는 '~처럼 보이다'라는 의미이다.

    ex. The branch **looks like** a snake. 저 나뭇가지는 뱀처럼 보인다.

본문 해석

나는 튼튼한 팔과 다리를 가지고 있어서, 나무를 아주 잘 기어오를 수 있다. 나무에서 나무로 뛰어오르는 것은 나에게 쉽다. 나는 긴 꼬리도 가지고 있다. 그것은 내가 나뭇가지들을 잡는 것을 돕는다. 과일은 내가 가장 좋아하는 간식이다. 나는 바나나, 망고, 그리고 파파야를 먹는다. 나는 사람처럼 생겼지만, 나의 몸은 온통 부드러운 털을 가지고 있다. 나는 사람의 행동을 따라 하는 것을 아주 좋아한다. 그것은 단지 나의 취미가 아니다. 그것은 새로운 것을 배우는 나의 방식이다.

29 기억력을 높이는 방법 69쪽

문제 정답

1 (1) T   (2) F   **2** review

문제 해설

1 (1) we forget about 60% of them in one hour(우리는 한 시간 안에 60%를 잊어버린다)라고 했으므로, 학습한 후 한 시간이 지나면 40%만을 기억한다는 문장은 본문의 내용과 일치한다.

(2) Review again 20 minutes later.(20분 후에 다시 복습해라.)라고 했지만 20분마다 계속 복습하는 것이 좋은지는 언급되지 않았다.

2 Review right after learning.의 review(복습하다)가 문맥상 알맞다.

당신은 무언가를 배운 후에, 그것을 다시 공부한다.

= 당신은 무언가를 배운 후에, 그것을 복습한다.

직독 직해

Learning new things / is very hard. /
새로운 것들을 배우는 것은 / 매우 어렵다 /

Some scientists say / we forget about 60% of them / in one hour. /
몇몇 과학자들은 말한다 / 우리가 그것들의 약 60% 정도를 잊어버린다 / 한 시간 안에 /

After a day, / we remember only about 30%. / Do you want / to remember more? /
하루가 지난 후에 / 우리는 오직 30% 정도만 기억한다 / 당신은 원하는가 / 더 많이 기억하기를 /

Try this: / Review / right ❶ after learning. / Review again / 20 minutes later. /
이것을 시도해봐라 / 복습해라 / 배운 직후에 / 다시 복습해라 / 20분 후에 /

Then, / take a break. / Review again / the next day. /
그런 다음 / 휴식을 취해라 / 다시 복습해라 / 그다음 날에 /

This method ❷ keeps your memory strong. / Why? /
이 방법은 당신의 기억력을 강하게 유지해 준다 / 왜일까 /

It moves the information / into your long-term memory. /
그것은 그 정보를 옮긴다 / 당신의 장기 기억 속으로 /

구문 설명

❶ after(~ 후에)가 전치사로 쓰일 때, 뒤에 오는 동사는 동명사(동사원형 + -ing)로 쓴다.

    ex. I was tired **after cleaning** the house. 나는 집을 청소한 후에 피곤했다.

❷ 「keep + 목적어 + 형용사」는 '~을 …하게 유지하다'를 의미한다.

    ex. The refrigerator **keeps food cold**. 냉장고는 음식을 차갑게 유지한다.

본문 해석

새로운 것들을 배우는 것은 매우 어렵다. 몇몇 과학자들은 우리가 한 시간 안에 그것들의 약 60% 정도를 잊어버린다고 말한다. 하루가 지난 후에, 우리는 오직 30% 정도만 기억한다. 당신은 더 많이 기억하고 싶은가? 이것을 시도해봐라: 배운 직후에 복습해라. 20분 후에 다시 복습해라. 그런 다음, 휴식을 취해라. 그다음 날에 다시 복습해라. 이 방법은 당신의 기억력을 강하게 유지해 준다. 왜일까? 그것은 그 정보를 당신의 장기 기억 속으로 옮긴다.

30 긴 동영상은 지루해

70~71쪽

문제 정답

1 ④ **2** ② **3** pretend

문제 해설

1 They try to finish before the time runs out.(그들은 시간이 다 되기 전에 끝내려고 노력한다.)이라고 했으므로, 끝나는 시간을 정하지 않고 경쟁을 한다는 설명은 본문의 내용과 일치하지 않는다.

2 (A) 오늘날, 사람들은 너무 바쁘다(busy).

(B) 그들은 단지 그들의 입술만 움직일 뿐이지만, 그것은 진짜(real)처럼 보인다.

(C) 우승자를 추측하는 것(Guessing)은 것은 재미있다.

3 '어떤 것이 사실이 아닐 때, 그것이 사실인 것처럼 행동하다(to act like something is true, when it is not true)'를 의미하는 단어는 pretend(~인 체하다)이다.

직독 직해

Watching short videos / on YouTube / is very popular / now. / Why? /
짧은 동영상들을 시청하는 것은 / YouTube에서 / 매우 인기가 있다 / 지금 / 왜일까 /

Today, / people are so busy. / They don't have time / ❶ to watch long videos. /
오늘날 / 사람들은 너무 바쁘다 / 그들은 시간이 없다 / 긴 동영상들을 시청할 /

❷ One of their favorite types / is dance videos. /
그들이 가장 좋아하는 종류들 중의 하나는 / 댄스 동영상들이다 /

In these videos, / kids dance to cool music. /
이 동영상들 속에서 / 아이들은 멋진 음악에 맞춰 춤을 춘다 /

They pretend / to sing and dance / like stars. / But they don't actually sing. /
그들은 (~하는) 체한다 / 노래하고 춤추는 / 스타들처럼 / 하지만 그들은 실제로 노래하지는 않는다 /

They just move their lips, / but it ❸ looks real. /
그들은 단지 그들의 입술만 움직인다 / 그러나 그것은 진짜처럼 보인다 /

Another popular type of video is challenge videos. / These are like games. /
또 다른 인기 있는 종류의 동영상은 챌린지 동영상들이다 / 이것들은 게임들과 같다 /

There, / kids do funny things, / like eating strange food and racing. /
거기에서 / 아이들은 웃긴 일들을 한다 / 이상한 음식을 먹고 경주를 하는 것과 같은 /

They try / to finish / before the time runs out. / Who will win? /
그들은 노력한다 / 끝내려고 / 시간이 다 되기 전에 / 누가 이길까 /

Guessing the winner / is fun. / These videos are exciting / and ❹ make us laugh. /
우승자를 추측하는 것은 / 재미있다 / 이 동영상들은 흥미진진하다 / 그리고 우리를 웃게 만든다 /

❶ to부정사(to + 동사원형)는 앞에 있는 명사(구)를 수식하는 형용사처럼 쓰일 수 있다. time to watch는 to watch가 앞에 있는 time을 수식하여 '시청할 시간'을 의미한다.

ex. We need some water **to drink**. 우리는 마실 물이 조금 필요하다.

❷ 「one of + 복수 명사」는 '~들 중의 하나'라는 의미로, 주어로 쓰일 경우 단수로 취급한다.

ex. **One of my friends** lives in the town. 내 친구들 중의 한 명이 그 마을에 산다.

❸ 「look + 형용사」는 '~하게 보이다'라는 의미이다.

ex. The food **looks delicious**. 그 음식은 맛있게 보인다.

❹ make가 '~이 …하도록 만들다'를 의미하는 사역동사로 쓰일 때는 「make + 목적어 + 동사원형」으로 쓴다.

ex. Teachers **make us do** our homework. 선생님들은 우리가 숙제를 하도록 만든다.

본문 해석

YouTube에서 짧은 동영상들을 시청하는 것은 지금 매우 인기가 있다. 왜일까? 오늘날, 사람들은 너무 바쁘다. 그들은 긴 동영상들을 시청할 시간이 없다. 그들이 가장 좋아하는 종류들 중의 하나는 댄스 동영상들이다. 이 동영상들 속에서, 아이들은 멋진 음악에 맞춰 춤을 춘다. 그들은 스타들처럼 노래하고 춤추는 체한다. 하지만 그들은 실제로 노래하지는 않는다. 그들은 단지 그들의 입술만 움직일 뿐이지만, 그것은 진짜처럼 보인다. 또 다른 인기 있는 종류의 동영상은 챌린지 동영상들이다. 이것들은 게임들과 같다. 거기에서, 아이들은 이상한 음식을 먹고 경주를 하는 것과 같은 웃긴 일들을 한다. 그들은 시간이 다 되기 전에 끝내려고 노력한다. 누가 이길까? 우승자를 추측하는 것은 재미있다. 이 동영상들은 흥미진진하고 우리를 웃게 만든다.

GRAMMAR

72쪽

문제 정답

1 (1) Learning (2) Jumping (3) is

2 (1) Reading comic books is

(2) Playing soccer with my friends is

(3) Eating fast food is not good

문제 해설

1 (1) 「동사원형 + -ing」 형태의 동명사는 문장의 주어로 쓰일 수 있다. 동명사구인 Learning new things가 문장의 주어이다.

새로운 것들을 배우는 것은 매우 어렵다.

(2) 동명사구인 Jumping from tree to tree가 문장의 주어이다.

나무에서 나무로 뛰어오르는 것은 원숭이들에게 쉽다.

(3) 동명사구인 Watching short videos가 문장의 주어이고, 동명사 주어는 단수로 취급하므로 be동사는 is를 쓴다.

짧은 동영상들을 시청하는 것은 지금 매우 인기가 있다.

2 (1) 동명사구인 Reading comic books가 문장의 주어이고, is가 동사이다.

(2) 동명사구인 Playing soccer with my friends가 문장의 주어이고, is가 동사이다.

(3) 동명사구인 Eating fast food가 문장의 주어이고, is가 동사이다.

73쪽

문제 정답

01 1. various 2. melt   **02** 1. ride 2. free   **03** 1. answer 2. slow down

문제 해석

01 1. 무지개는 다양한 색깔을 가지고 있다.

2. 눈은 화창한 날에 녹을 것이다.

02 1. 그 남자는 말을 탈 수 있다.

2. 나는 한가할 때 음악을 듣는다.

03 1. 제 질문들에 대답해 주세요.

2. 속도를 늦춰 주시겠어요? 차가 너무 빨리 가고 있어요.

31 나는 달콤하지만 녹기 쉬워!

74쪽

문제 정답

1 ①   **2** ④

문제 해설

1 부드럽고 달콤하며(soft and sweet), 바닐라와 초콜릿(vanilla and chocolate), 민트와 캐러멜(mint and caramel)과 같은 맛이 있고, 컵이나 콘으로(in a cup or cone) 제공하며, 녹는다(will melt)고 했으므로, I는 아이스크림(ice cream)임을 알 수 있다.

2 And you should not leave me in the sun.에서 leave는 '(~한 상태로) 두다'의 의미로 쓰였다.

① 우리는 학교로 곧 떠날 것이다.

② 그는 내일 그 도시를 떠날 것이다.

③ 나는 다음 주에 이곳을 떠나고 싶다.

④ 그 문을 열린 채로 두지 마라.

⑤ 2시에 집을 떠나자.

직독 직해

I am a delicious snack. / I am soft and sweet. /
나는 맛있는 간식이다 /   나는 부드럽고 달콤하다 /

I have various flavors / like vanilla and chocolate. /
나는 다양한 맛을 가지고 있다 /   바닐라와 초콜릿 같은 /

There are mint and caramel flavors, too. / You can find me / at many stores. /
민트와 캐러멜 맛도 있다 /   당신은 나를 찾을 수 있다 / 많은 상점들에서 /

People serve me / in a cup or cone. / They ❶ enjoy licking me. /
사람들은 나를 제공한다 /   컵이나 콘으로 /   그들은 나를 핥는 것을 즐긴다 /

You must eat me / quickly, / ❷ or I will melt. /
당신은 나를 먹어야 한다 /   빨리 /   그렇지 않으면 나는 녹을 것이다 /

And you should not leave me / in the sun. /
그리고 당신은 나를 두면 안 된다 /   햇볕에 /

구문 설명

❶ enjoy는 동명사(동사원형＋-ing)를 목적어로 쓰는 동사로, 「enjoy ＋ 동명사」는 '~하는 것을 즐기다'라는 뜻을 나타낸다.

   ex. They **enjoy watching** movies. 그들은 영화 보는 것을 즐긴다.

❷ or는 '또는'이라는 의미 이외에, '그렇지 않으면'의 의미를 나타낼 수 있다. 「명령문 ~, or …」는 '~해라, 그렇지 않으면 …할 것이다'라는 의미이다.

   ex. Hurry up, **or** you will be late. 서둘러라, 그렇지 않으면 너는 늦을 것이다.

본문 해석

나는 맛있는 간식이다. 나는 부드럽고 달콤하다. 나는 바닐라와 초콜릿 같은 다양한 맛을 가지고 있다. 민트와 캐러멜 맛도 있다. 당신은 많은 상점들에서 나를 찾을 수 있다. 사람들은 나를 컵이나 콘으로 제공한다. 그들은 나를 핥는 것을 즐긴다. 당신은 나를 빨리 먹어야 한다, 그렇지 않으면 나는 녹을 것이다. 그리고 당신은 나를 햇볕에 두면 안 된다.

32　친구에게 보내는 메시지　75쪽

문제 정답

1 ⑤　　**2** free

문제 해설

1 Paul and I are going bike riding in Central Park, and it will be fun if you join us.(Paul과 나는 센트럴 파크에 자전거를 타러 갈 건데, 만약 네가 우리와 함께하면 재미있을 거야.)라고 했으므로, 함께 자전거를 타러 갈 것을 제안하려고 메시지를 보냈음을 알 수 있다.

2 By the way, are you free this Saturday?의 free(한가한; 무료의)가 문맥상 알맞다.

(1) 나는 <u>한가할</u> 때 하이킹을 하러 간다.

(2) 나는 <u>무료</u> 아이스크림 쿠폰이 있다.

직독 직해

Hey, Sarah, / It's Jack / from Paul's birthday party. /
안녕, Sarah / 　　나는 Jack이야 / Paul의 생일 파티에 있었던 /

I really **enjoyed talking** to you / at the party /
나는 너와 이야기를 나누는 것이 정말 즐거웠어 / 파티에서 /

and was happy / to hear / that you ❶ **like riding** bikes. / I love bikes too. /
그리고 기뻤어 / 　들어서 / 　네가 자전거 타는 것을 좋아한다는 것을 / 　나도 자전거를 너무 좋아해 /

It's cool! / We share the same hobby! / By the way, / are you free / this Saturday? /
멋져 / 　우리는 똑같은 취미를 공유하고 있어 / 　그런데 / 　너는 한가하니 / 이번 토요일에 /

Paul and I are going bike riding / in Central Park, / and it will be fun / ❷ **if you join us.** /
Paul과 나는 자전거를 타러 갈 거야 / 　센트럴 파크에 / 　그리고 재미있을 거야 / 　만약 네가 우리와 함께하면 /

Please let me know / if you're interested! / Thanks! /
나에게 알려줘 / 　만약 네가 관심이 있다면 / 　고마워 /

구문 설명

❶ like는 동명사(동사원형 ＋ -ing)를 목적어로 쓸 수 있는 동사로, 「like ＋ 동명사」는 '~하는 것을 좋아하다'라는 의미를 나타낸다.

   ex. He **likes playing** sports. 그는 운동하는 것을 좋아한다.

❷ if는 '만약 ~하면'을 의미하는 접속사로, 「if ＋ 주어 ＋ 동사」로 쓴다.

   ex. **If** you need anything, you can tell me. 당신이 필요한 것이 있으면 언제든지 저에게 말씀해 주세요.

본문 해석

안녕, Sarah,

나는 Paul의 생일 파티에 있었던 Jack이야. 나는 파티에서 너와 이야기를 나누는 것이 정말 즐거웠고 네가 자전거 타는 것을 좋아한다고 들어서 기뻤어. 나도 자전거를 너무 좋아해. 멋져! 우리는 똑같은 취미를 공유하고 있어! 그런데, 너는 이번 토요일에 한가하니? Paul과 나는 센트럴 파크에 자전거를 타러 갈 건데, 만약 네가 우리와 함께하면 재미있을 거야. 만약 네가 관심이 있다면 나에게 알려줘!

고마워!

---

33 이상한 달리기 76~77쪽

문제 정답

1 ⑤ **2** ③ **3** dish

문제 해설

1 We race home after watching a movie. The loser washes the dishes!(영화를 본 후에 우리는 집까지 경주를 해요. 진 사람이 설거지를 하죠!)라고 했으므로, 달리기 시합에서 진 사람이 설거지를 하는 내기를 하고 있었음을 알 수 있다.

2 Mr. Jones was worried about her.(Jones 씨는 그녀가 걱정되었다.)라고 했으므로, 설거지를 위한 내기라는 여자의 말을 듣고 난 후에 Jones 씨는 안심했을 것임을 추측할 수 있다.

3 The loser washes the dishes!의 dish(접시; 요리)가 문맥상 알맞다.

(1) 나는 그 접시를 떨어뜨려서 그것을 깼다.

(2) 내가 가장 좋아하는 요리는 스파게티이다.

직독 직해

Every Saturday night, / Mr. and Mrs. Jones **enjoyed watching** a movie / at a movie theater. /
매주 토요일 밤에 / Jones 부부는 영화 보는 것을 즐겼다 / 영화관에서 /

One night, / ❶ **as** they drove home, / they ❷ **saw** a man / **running** after a woman. /
어느 날 밤 / 그들이 집으로 운전해 갈 때 / 그들은 한 남자를 보았다 / 한 여자를 쫓아가는 것을 /

Mr. Jones was worried / about her. /
Jones 씨는 걱정되었다 / 그녀에 대해 /

He slowed down the car / and asked, / "Do you need any help?" /
그는 차의 속도를 늦추었다 / 그리고 물었다 / 도움이 필요하세요 /

The woman looked back / but ❸ **kept running**. /
그 여자는 뒤를 돌아보았다 / 하지만 계속 달렸다 /

"No, thank you," / she answered / with a smile. /
아뇨, 괜찮아요 / 그녀가 대답했다 / 웃으며 /

She added, / "We race home / ❹ **after** watching a movie. / The loser washes the dishes!" /
그녀는 덧붙여 말했다 / 우리는 집까지 경주를 해요 / 영화를 본 후에 / 진 사람이 설거지를 하죠 /

구문 설명

❶ as는 '~할 때, ~하는 동안에'를 의미하는 접속사이다.

ex. I saw Tom **as** I was getting off the bus. 나는 버스에서 내릴 때 Tom을 보았다.

❷ 동사 see가 '~이 …하는 것을 보다'를 의미하는 지각동사로 쓰일 때는 「지각동사 + 목적어 + 동사원형[현재분사]」의 형태로 쓴다. 동작이 진행 중임을 강조할 때는 목적격 보어 자리에 현재분사를 쓴다.

ex. We **saw** him **cross**[**crossing**] the street. 우리는 그가 길을 건너는[건너고 있는] 것을 보았다.

❸ 「keep + 동사원형-ing」는 '계속 ~하다'라는 의미이다.

ex. He **kept waiting** for her. 그는 계속 그녀를 기다렸다.

❹ after는 명사(구) 앞에서 '~후에'를 뜻하는 전치사로 쓰였다.

ex. I drink tea **after** lunch. 나는 점심식사 후에 차를 마신다.

본문 해석

매주 토요일 밤에, Jones 부부는 영화관에서 영화 보는 것을 즐겼다. 어느 날 밤, 그들이 집으로 운전해 갈 때, 한 남자가 한 여자를 쫓아가는 것을 보았다. Jones 씨는 그녀가 걱정되었다.

그는 차의 속도를 늦추고 물었다. "도움이 필요하세요?"

그 여자는 뒤를 돌아보았지만 계속 달렸다.

"아뇨, 괜찮아요." 그녀가 웃으며 대답했다.

그녀는 덧붙여 말했다. "영화를 본 후에 우리는 집까지 경주를 해요. 진 사람이 설거지를 하죠!"

GRAMMAR

78쪽

문제 정답

1 (1) talking　　(2) doing　　(3) riding

2 (1) They enjoy playing

(2) like playing soccer

(3) finished washing the dishes

문제 해설

1 (1) enjoy는 동명사(동사원형 + -ing)를 목적어로 쓰는 동사이다.

나는 파티에서 너와 <u>이야기하는 것</u>을 정말 즐겼다.

(2) finish는 동명사(동사원형 + -ing)를 목적어로 쓰는 동사이다.

Mark는 그의 영어 숙제하는 것을 끝냈다.

(3) like는 동명사(동사원형 + -ing)를 목적어로 쓸 수 있는 동사이다.

나는 우리 둘 다 자전거 <u>타는 것</u>을 좋아해서 기뻤다.

2 (1) enjoy는 동명사를 목적어로 쓰는 동사이다.

(2) like의 목적어로 동명사가 쓰인 문장이다.

(3) finish는 동명사를 목적어로 쓰는 동사이다. wash the dishes는 '설거지하다'라는 의미이다.

문제 정답
01 1. last　2. show up　　**02** 1. refrigerator　2. diet　　**03** 1. subject　2. focus

문제 해석
01 1. 그 수업은 한 시간 동안 지속될 것이다.
　2. 우리는 기다렸지만, 그는 나타나지 않았다.
02 1. 우리는 음식을 냉장고 안에 보관한다.
　2. 너는 건강해지기 위해서 식이 요법이 필요하다.
03 1. 내가 가장 좋아하는 과목은 영어이다.
　2. 너무 시끄럽다. 나는 공부에 집중할 수가 없다.

34 나는 순식간에 나타났다가 사라져요! 80쪽

문제 정답
1 ②　　**2** disappear

문제 해설
1 태양이 이 물방울들 위에서 빛날 때(when the sun shines on these drops) 나타나고, 많은 색깔(many colors)을 가지고 있고, 아름다운 다리(a beautiful bridge)처럼 보인다고 했으므로, I는 무지개(rainbow)임을 알 수 있다.

2 I show up when the sun shines on these drops.의 show up은 '나타나다'를 의미하는 말이므로, 반의어는 you should take a picture quickly before I disappear의 disappear(사라지다)이다.

직독 직해
❶ After it rains, / the sky becomes sunny. / However, / tiny water drops still float /
비가 내린 후에 / 하늘은 화창해진다 / 하지만 / 작은 물방울들이 여전히 떠다닌다 /

in the sky. / I show up / when the sun shines / on these drops. /
하늘에 / 나는 나타난다 / 태양이 빛날 때 / 이 물방울들 위에서 /

These water drops turn the sun's light / into many colors. /
이 물방울들은 태양의 빛을 바꾼다 / 많은 색깔들로 /

❷ Each color spreads / across the sky. / Then / I look like a beautiful bridge. /
각각의 색깔은 퍼진다 / 하늘을 가로질러 / 그러면 / 나는 아름다운 다리처럼 보인다 /

People enjoy / seeing me. / However, / I don't last very long, /
사람들은 즐긴다 / 나를 보는 것을 / 하지만 / 나는 그다지 오랫동안 지속되지 않는다 /

so you should take a picture / quickly / before I disappear.
그래서 당신은 사진을 찍어야 한다 / 빨리 / 내가 사라지기 전에 /

구문 설명
❶ after는 '~ 후에'를 의미하는 접속사로, 「after + 주어 + 동사」로 쓴다.
　ex. I do my homework **after** I have dinner. 나는 저녁을 먹은 후에 숙제를 한다.
❷ 「each + 단수 명사」는 '각각의 ~'라는 의미로, 주어로 쓰일 경우 단수로 취급한다.
　ex. **Each student** has an email address. 각각의 학생들은 이메일 주소를 가지고 있다.

비가 내린 후에 하늘은 화창해진다. 하지만, 작은 물방울들이 여전히 하늘에 떠다닌다. 나는 태양이 이 물방울들 위에서 빛날 때 나타난다. 이 물방울들은 태양의 빛을 많은 색깔들로 바꾼다. 각각의 색깔은 하늘을 가로질러 퍼진다. 그러면 나는 아름다운 다리처럼 보인다. 사람들은 나를 보는 것을 즐긴다. 하지만, 나는 그다지 오랫동안 지속되지 않으니, 당신은 내가 사라지기 전에 빨리 사진을 찍어야 한다.

35 똑똑한 냉장고

문제 정답

1 ④   2 diet

문제 해설

1 But he often forgot and ate too much. ~ Mrs. Green was worried(그는 종종 잊고는 너무 많이 먹었다. ~ Green 부인은 걱정이 되었다)라고 했으므로, 남편의 과식이 걱정되어 스마트 냉장고를 구입했음을 알 수 있다.

2 '체중을 줄이기 위해서 너무 많은 음식을 먹지 않는 것(not eating too much food to lose weight)'을 의미하는 단어는 diet(식이 요법, 다이어트)이다.

직독 직해

Mr. Green was too fat / and ❶ **wanted to be** healthy, / so he started a diet. /
Green 씨는 너무 뚱뚱했다 / 그리고 건강해지기를 원했다 / 그래서 그는 식이 요법을 시작했다 /

But he often forgot / and ate too much. / He ate pie, cake, and ice cream. /
그러나 그는 종종 잊었다 / 그리고 너무 많이 먹었다 / 그는 파이, 케이크, 그리고 아이스크림을 먹었다 /

Mrs. Green was worried, / so she bought a smart refrigerator. /
Green 부인은 걱정이 되었다 / 그래서 그녀는 스마트 냉장고를 샀다 /

After she bought it, / something amazing happened. /
그녀가 그것을 산 후에 / 놀라운 일이 일어났다 /

❷ Before Mr. Green opened the refrigerator, / it said, "Don't eat. You will get fatter." /
Green 씨가 냉장고를 열기 전에 / 그것은 말했다 / 먹지 마세요 / 당신은 더 뚱뚱해질 거예요 /

Now, / Mr. Green eats less, / and Mrs. Green is glad. /
이제 / Green 씨는 덜 먹는다 / 그리고 Green 부인은 기쁘다 /

구문 설명

❶ want는 to부정사(to + 동사원형)를 목적어로 쓰는 동사로, 「want + to부정사」는 '~하기를 원하다'라는 의미를 나타낸다.

ex. He **wants to buy** the car. 그는 그 자동차를 사기를 원한다.

❷ before는 '~ 전에'를 의미하는 접속사로, 「before + 주어 + 동사」로 쓴다.

ex. I brush my teeth **before** I go to bed. 나는 잠자리에 들기 전에 양치질을 한다.

본문 해석

Green 씨는 너무 뚱뚱했고 건강해지기를 원해서, 그는 식이 요법을 시작했다. 그러나 그는 종종 잊고 너무 많이 먹었다. 그는 파이, 케이크, 그리고 아이스크림을 먹었다. Green 부인은 걱정이 되어서, 스마트 냉장고를 샀다. 그녀가 그것을 산 후에, 놀라운 일이 일어났다. Green 씨가 냉장고를 열기 전에, 그것은 말했다. "먹지 마세요. 당신은 더 뚱뚱해질 거예요." 이제, Green 씨는 덜 먹고, Green 부인은 기쁘다.

36 숙제를 효과적으로 하는 방법

82~83쪽

문제 정답

1 ① **2** ⑤ **3** break

문제 해설

1 You can rest every 30 minutes.(당신은 30분마다 휴식을 취할 수 있다.)라고 했으므로, '가능한 오랫동안 앉아 있는 것'은 본문에서 언급한 숙제를 효과적으로 하는 방법이 아니다.

2 Finally, use a timer.(마지막으로, 타이머를 사용해라.)는 타이머를 사용하는 방법을 설명하는 문장의 바로 앞에 오는 것이 알맞다.

3 You can also have a simple snack during breaks.의 break(휴식; 깨지다)가 문맥상 알맞다.

(1) 회의 후에 <u>휴식</u>을 취하자.

(2) 그 컵들을 조심해라. 그것들은 쉽게 <u>깨진다</u>.

직독 직해

You get tired / when you do a lot of homework. / How can you avoid that? /
당신은 피곤해진다 / 당신이 많은 숙제를 할 때 / 어떻게 당신이 그것을 피할 수 있을까 /

❶ **Here are** some tips. / Stop and rest / **before** you feel tired. /
여기 몇 가지 조언들이 있다 / 멈추고 쉬어라 / 당신이 피곤함을 느끼기 전에 /

You can rest / every 30 minutes. / You can also have a simple snack / ❷ **during** breaks. /
당신은 휴식을 취할 수 있다 / 30분마다 / 당신은 간단한 간식을 먹을 수도 있다 / 휴식 시간 동안 /

This will ❸ **give you energy**. / Next, / you can study different subjects. /
이것은 당신에게 에너지를 줄 것이다 / 다음으로 / 당신은 각기 다른 과목들을 공부할 수 있다 /

For example, / ❹ **study** English / and then **solve** math problems. /
예를 들면 / 영어를 공부해라 / 그리고 나서 수학 문제를 풀어라 /

By doing this, / you won't lose interest. / Finally, / use a timer. /
이것을 함으로써 / 당신은 흥미를 잃지 않을 것이다 / 마지막으로 / 타이머를 사용해라 /

Set it / for 15 to 20 minutes / for each task. /
그것을 설정해라 / 15~20분 동안 / 각각의 과제에 대해 /

Then / you can focus better / and work faster. /
그러면 / 당신은 더 잘 집중할 수 있다 / 그리고 더 빨리 일할 수 있다 /

구문 설명

❶ 「Here are + 복수 명사 ~.」는 '여기 ~들이 있다'라는 의미이다.

ex. **Here are** your books. 여기 네 책들이 있다.

❷ during은 특정 기간을 나타내는 말과 함께 쓰여 '~ 동안'을 의미하는 전치사이다.

ex. It rained a lot **during** the night. 밤 동안 비가 많이 내렸다.

❸ 「give + A + B」는 'A에게 B를 주다'를 의미한다.

ex. Please **give me some water**. 저에게 물을 좀 주세요.

❹ 「동사원형 ~.」은 상대방에게 어떤 일을 할 것을 요청하는 명령문으로, '~ 해라'라고 해석한다. 연결어 **and then**이 명령문의 동사 study와 solve를 연결하고 있다.

ex. **Close** the door and **sit** down. 그 문을 닫고 앉아라.

당신은 많은 숙제를 할 때 피곤해진다. 어떻게 당신이 그것을 피할 수 있을까? 여기 몇 가지 조언들이 있다. 당신이 피곤함을 느끼기 전에 멈추고 쉬어라. 당신은 30분마다 휴식을 취할 수 있다. 당신은 휴식 시간 동안 간단한 간식을 먹을 수도 있다. 이것은 당신에게 에너지를 줄 것이다. 다음으로, 당신은 각기 다른 과목들을 공부할 수 있다. 예를 들어, 영어를 공부한 다음 수학 문제를 풀어라. 이것을 함으로써, 당신은 흥미를 잃지 않을 것이다. 마지막으로, 타이머를 사용해라. 각각의 과제에 대해 15~20분 동안으로 그것을 설정해라. 그러면 당신은 더 잘 집중할 수 있고 더 빨리 일할 수 있다.

GRAMMAR

84쪽

문제 정답

1 (1) After　　(2) before　　(3) before

2 (1) after you use it

(2) after we had dinner

(3) before he opened it

문제 해설

1 (1) after는 '〜 후에'를 의미하는 접속사로, 「after + 주어 + 동사」로 쓴다.

　비가 온 후에, 하늘은 화창해진다.

(2) before는 '〜 전에'를 의미하는 접속사로, 「before + 주어 + 동사」로 쓴다.

　당신이 피곤해지기 전에 멈추고 쉬어라.

(3) before는 '〜 전에'를 의미하는 접속사로, 「before + 주어 + 동사」로 쓴다.

　무지개가 사라지기 전에 빨리 사진을 찍어라.

2 (1) after는 '〜 후에'를 의미하는 접속사로, 「after + 주어 + 동사」로 쓴다.

(2) after는 '〜 후에'를 의미하는 접속사로, 「after + 주어 + 동사」로 쓴다.

(3) before는 '〜 전에'를 의미하는 접속사로, 「before + 주어 + 동사」로 쓴다.

WORKBOOK

Unit 01 · 01 힘든 일은 저에게 시키세요!

Word Review
1쪽

1 똑똑한
2 일하는 사람
3 장난감
4 힘든
5 청소하다
6 더러운, 지저분한
7 빨리
8 옮기다; 움직이다
9 무거운
10 위층으로
11 쉽게
12 달

Sentence Review
2쪽

1 나는 똑똑하고 힘이 센 일꾼이다 /
2 나는 장난감처럼 보인다 / 하지만 나는 많은 힘든 일을 할 수 있다 / 사람들을 위해 /
3 당신은 원하는가 / 당신의 지저분한 방을 청소하기를 /
4 내가 빨리 그것을 할 수 있다 / 당신을 위해 /
5 당신은 원하는가 / 무거운 상자를 옮기기를 / 위층으로 /
6 내가 쉽게 그것을 할 수 있다 / 당신을 위해 /
7 그리고 / 여기에 가장 좋은 것이 있다 /
8 나는 달에도 갈 수 있다 / 로켓처럼 /
9 실제로 / 나는 세상에 있는 어떤 것이든 할 수 있다 /

Unit 01 · 02 눈치 빠른 소년

Word Review
3쪽

1 ~ 안으로
2 뒤뜰
3 (발로) 차다
4 세게, 강하게
5 날다, 날아가다
6 열려 있는
7 옆집에
8 곧
9 물어보다
10 깨다
11 침착하게
12 웃으며

Sentence Review
4쪽

1 두 소년들이 놀고 있었다 / 공을 가지고 / 뒤뜰에서 /
2 한 소년이 공을 세게 찼다 / 그리고 그것이 열려 있는 창문 안으로 날아갔다 / 옆집의 /
3 곧 / 한 남자가 집 밖으로 나왔다 / 그 공을 가지고 /
4 그는 그 소년들에게 물었다 / 이게 너희들의 공이니 /
5 한 소년이 물었다 / 그 공이 무언가를 깼나요 /
6 아니 / 그 남자가 말했다 / 침착하게 /
7 그럼, 네 / 그건 제 것이에요 / 그 소년이 말했다 / 웃으며 /

03 화성으로 여행 가요!

● Word Review

5쪽

1 날짜
2 제목; 주제
3 놀라운
4 발명품
5 뉴스
6 발명가
7 데리고 가다
8 화성
9 아주 멋진
10 산책하다
11 로켓
12 희망하다

● Sentence Review

6쪽

1 저는 읽었어요 / 당신의 놀라운 발명품인 Starship에 대해 / 뉴스에서 /
2 저는 생각해요 / 당신이 훌륭한 발명가라고 /
3 저는 질문이 있어요 / 당신의 발명품에 대해 /
4 Starship이 사람들을 데려갈 수 있나요 / 화성으로 /
5 저는 희망해요 / 그것이 그렇게 할 수 있기를 / 그리고 그것은 아주 멋질 거예요 /
6 저는 질문이 하나 더 있어요 /
7 당신은 생각하나요 / 제가 저의 개인 Max를 데려갈 수 있다고 / 화성으로 /
8 저는 정말 원해요 / 산책하기를 / 그와 함께 / 화성에서 /
9 감사합니다 / 그 로켓을 만들어 주셔서 /
10 저는 희망해요 / 당신으로부터 소식을 듣기를 / 곧 /

04 나는 물고기가 아니에요!

● Word Review

7쪽

1 흐르다
2 튼튼한
3 죽다
4 재료, 물질
5 수백만의
6 사용하다
7 사실은
8 불쌍한
9 ~을 버리다
10 바다, 대양
11 가벼운
12 ~ 때문에

● Sentence Review

8쪽

1 나는 가볍고 튼튼한 물질이다 /
2 사람들은 컵, 병, 그리고 상자를 만든다 / 나로 /
3 하지만 / 사람들은 나를 버린다 / 그들이 나를 사용하고 난 후에 /
4 그러면 나는 흘러간다 / 강과 바다로 /
5 그곳에서 / 나는 먹이처럼 보인다 / 그래서 몇몇 물고기들이 나를 먹는다 /
6 이것은 그것들을 아프게 만든다 /
7 사실 / 수백만 마리의 물고기들이 죽는다 / 나 때문에 / 불쌍한 물고기들 /
8 만약 당신이 나를 계속 버리면 / 나는 모든 강과 바다를 더럽게 만들 것이다 /
9 어떤 물고기도 살지 않을 것이다 / 그곳에서 /

Word Review　9쪽

1 가지다
2 기르다
3 농장
4 매우 기쁜
5 매일
6 발생하다, 일어나다
7 생각, 아이디어
8 생각하다
9 소, 젖소
10 시작하다
11 친절한, 다정한
12 흥미로운

Sentence Review　10쪽

1 Helen은 몇 마리의 젖소들을 길렀다 / 농장에서 /
2 그녀는 그들을 사랑했다 / 매우 /
3 어느 날 / 그녀는 흥미로운 생각을 떠올렸다 /
4 그녀는 생각했다 / 나는 내 젖소들을 위해 노래를 부를 것이다 / 어떤 일이 일어날까 /
5 Helen은 노래를 불러 주기 시작했다 / 그 젖소들에게 / 매일 /
6 곧 / 아주 멋진 일이 / 일어났다 /
7 그 젖소들이 시작했다 / 더 많은 우유를 주기를 /
8 Helen은 매우 기뻐했다 / 그리고 말했다 / 내가 내 젖소들에게 잘 대해 준다 / 그리고 이제 / 그 젖소들도 나에게 잘 대해 준다 /

Word Review　11쪽

1 환상적인
2 정말로
3 일; 직업
4 아주 작은
5 상상하다
6 배우다
7 미래
8 뇌, 두뇌
9 넣다
10 꿈꾸다
11 기술
12 다운로드하다

Sentence Review　12쪽

1 미래에 / 당신은 살 것이다 / 놀라운 세상에서 /
2 당신은 학교에 가지 않을 것이다 / 그리고 당신은 배우지 않을 것이다 / 학교 선생님들로부터 /
3 하지만 당신은 일들을 빨리 배울 것이다 / 어떻게 당신이 그것을 할 수 있을까 /
4 미래에 / 당신은 작은 컴퓨터를 넣을 수 있다 / 당신의 뇌 속에 /
5 그 컴퓨터는 대단한 일을 할 것이다 / 그것은 새로운 기술들을 빨리 다운로드할 수 있다 /
6 당신은 원하는가 / 피아노를 배우기를 / 당신은 피아노 기술을 다운로드할 수 있다 /
7 그러면 당신은 피아니스트가 될 것이다 / 곧바로 / 당신은 원하는가 / 요리를 잘하기를 /
8 당신은 요리 기술을 다운로드할 수 있다 / 그리고 요리사가 될 수 있다 /
9 또는 당신은 꿈꾸는가 / 비행기를 조종하는 것을 / 그렇다면 비행 기술을 다운로드해라 / 그리고 파일럿이 되어라 /
10 그것을 그냥 상상해 보아라 / 당신의 미래는 정말 환상적일 것이다 /

Word Review

정답 및 해설 13쪽

1 가시
2 (크기, 색깔 등이) ~으로 나오다
3 날카로운
4 색깔
5 다치게 하다; 아프다
6 발
7 보여주다
8 선물
9 아름다운
10 인생, 삶
11 조심하다
12 특별한

Sentence Review

14쪽

1 나는 매우 아름답다 /
2 나는 많은 색으로 나온다 / 그리고 내 친구들 중의 몇몇은 빨간색, 분홍색, 그리고 흰색이다 /
3 사람들은 나를 아주 좋아한다 / 내가 예쁘게 보이기 때문이다 / 그리고 좋은 냄새가 난다 /
4 당신은 특별한 누군가가 있는가 / 당신의 인생에 /
5 나는 좋은 선물이 될 수 있다 / 그 사람을 위한 /
6 당신은 누군가를 사랑하는가 /
7 나는 당신이 그것을 보여주는 것을 도울 수 있다 /
8 하지만 조심해라 /
9 나의 가시들은 날카롭다 / 그리고 그것들이 당신을 다치게 할 수 있다 /

Word Review

15쪽

1 (시간) 분; 잠시
2 건강
3 기다리다
4 바꾸다
5 베다
6 붕대
7 붙이다
8 나아지다
9 손가락
10 아픈
11 피가 나다
12 피부

Sentence Review

16쪽

1 어느 날 / 당신은 당신의 손가락을 벤다 / 그리고 그것은 시작한다 / 피가 나기 /
2 당신은 무엇을 할 수 있을까 /
3 당신은 붕대를 감을 수 있다 / 그것 위에 /
4 하지만 잠깐 기다려라 /
5 특별한 붕대가 있다 /
6 이 특별한 붕대는 색깔을 바꾼다 /
7 그것은 빨간색으로 보인다 / 아픈 피부 위에서는 /
8 하지만 / 그것은 파란색으로 보인다 / 피부가 나아질 때 /
9 얼마나 놀라운가 /
10 그것은 당신에게 알려줄 수 있다 / 당신 피부의 건강에 대해 / 의사처럼 /

09 두 떠돌이 개의 이야기

■ Word Review
17쪽

1 화목한, 다정한	5 우정	9 눈이 먼, 시각 장애의
2 찾다	6 쉬운	10 길 잃은, 집이 없는
3 잠자리, 잘 곳	7 머무르다, 지내다	11 거리
4 입양하다	8 다행히	12 ~을 돌보다

■ Sentence Review
18쪽

1 한 거리에 / 영국의 / 두 마리의 떠돌이 개들이 있었다 /
2 그 개들 중 한 마리인 Glenn은 / 앞이 보이지 않았다 / 하지만 그것은 괜찮았다 /
3 또 다른 개인 Buzz가 / 항상 그와 함께 있었다 /
4 Buzz는 Glenn을 도왔다 / 먹을 것과 잘 곳을 찾는 것을 / Glenn도 Buzz를 사랑했다 / 무척 /
5 길 위에서 사는 것은 / 쉽지 않았다 / 하지만 그들은 행복하게 느꼈다 / 함께 /
6 사람들은 들었다 / 그들의 우정에 대해 / 그들은 그들에 대해 안타깝게 느꼈다 /
7 몇몇 사람들은 원했다 / Buzz를 입양하기를 / 다른 사람들은 원했다 / Glenn을 돌보기를 /
8 하지만 / Glenn과 Buzz는 필요했다 / 함께 지내는 것이 /
9 다행히 / 한 동물 센터가 새로운 보금자리를 찾았다 / 그들을 위한 /
10 이제 / Glenn과 Buzz는 함께 산다 / 안전하고 화목한 가정에서 /

10 나는 따라쟁이!

■ Word Review
19쪽

1 따라 하다, 모방하다	5 움직이다	9 모양, 형태
2 화창한	6 어두운	10 만지다
3 행동	7 숨다; 숨기다	11 늦은
4 정오	8 목소리	12 나타나다

■ Sentence Review
20쪽

1 나는 어두운 형상이다 / 그리고 나는 항상 당신과 함께 있다 /
2 하지만 당신은 내 목소리를 절대로 들을 수 없다 /
3 그리고 당신은 절대로 나를 만질 수 없다 /
4 당신이 움직이면 / 나는 움직인다 /
5 당신이 멈추면 / 나는 멈춘다 /
6 나는 당신의 모양과 행동을 따라 한다 /
7 나는 나타난다 / 빛이 있을 때 / 또는 화창할 때 /
8 하지만 나는 숨는다 / 빛이 없을 때 / 또는 흐릴 때 /
9 나는 키가 작다 / 정오에는 / 하지만 나는 키가 커진다 / 늦은 오후에는 /

 11 사자로부터 소를 지킨 아이디어

Word Review
21쪽

1 영리한	**5** 문제	**9** 도망가다
2 엉덩이	**6** 겁먹은	**10** 노력하다, 애쓰다
3 아이디어	**7** 무서운	**11** (물감으로) 그리다
4 사냥하다	**8** (…한 상태가) 되다	**12** 괴물

Sentence Review
22쪽

1 많은 농장들이 있다 / 아프리카에는 /
2 이들 농장들에는 많은 소들이 있다 /
3 하지만 그들은 문제가 있었다 / 과거에 /
4 사자들이 (~하려고) 했다 / 그 소들을 사냥하려고 /
5 그 농부들은 걱정했다 / 이것에 대해/
6 그때 그들은 기발한 아이디어를 떠올렸다 /
7 그 농부들은 큰 눈을 그렸다 / 소들의 엉덩이에 /
8 그들의 엉덩이는 무서운 괴물처럼 보였다 /
9 사자들이 이 눈들을 보았을 때 / 그들은 겁을 먹었다 / 그리고 도망갔다 /
10 이제 / 그 소들은 안전하다 /

 12 오늘 날씨는 어떤가요?

Word Review
23쪽

1 가져가다	**5** 바람이 부는	**9** 쌀쌀한
2 깨닫다	**6** 반바지	**10** 예측하다
3 날씨	**7** 밝게	**11** 장난; 속임수
4 두고 가다	**8** 빛나다	**12** 틀린

Sentence Review
24쪽

1 어느 날 / 하늘이 매우 흐렸다 /
2 나는 우산을 가져갔다 / 내가 밖에 나갈 때 /
3 하지만 / 하루 종일 맑았다 / 그다음 날 / 화창하고 맑았다 /
4 그래서 나는 우산을 놓아두었다 / 집에 /
5 오후에 / 하지만 / 비가 세차게 내리기 시작했다 /
6 오늘 아침에는 / 태양이 빛나고 있었다 / 밝게 /
7 더울 것이었다 / 오늘은 / 그래서 나는 반바지를 입었다 / 학교에 /
8 하지만 나는 또 틀렸다 / 바람이 불고 쌀쌀해졌다 /
9 이것 때문에 / 나는 무언가를 깨달았다 / 날씨에 대해 /
10 그것은 항상 속인다 / 나를 /

Word Review
25쪽

1 공기
2 가스, 기체
3 납작한
4 둥근

5 떠오르다, 뜨다
6 뚱뚱한
7 (입으로) 불다, 바람을 넣다
8 조심하는

9 처음에
10 축제
11 축하하다
12 터지다

Sentence Review
26쪽

1 처음에 / 나는 그냥 작고 납작하다 /
2 공기나 가스를 불어넣어라 / 내 안으로 / 그러면 나는 둥글고 뚱뚱해진다 /
3 나는 뜰 수도 있다 / 하늘로 /
4 사람들은 파티나 축제를 축하한다 / 나를 가지고 /
5 당신은 나를 찾을 수도 있다 / 놀이공원에서 /
6 아이들은 즐긴다 / 나를 가지고 노는 것을 /
7 하지만 조심해라 /
8 나를 만지지 마라 / 날카로운 물건을 가지고 /
9 나는 터진다 / 아주 쉽게 /
10 그리고 내가 터질 때 / 모두가 깜짝 놀란다 /

Word Review
27쪽

1 가라앉다
2 고르다
3 꼭대기; 표면
4 넣다

5 머무르다
6 바닥
7 방법
8 신선한

9 썩은
10 안에, 내부에
11 한가운데, 중앙
12 채우다

Sentence Review
28쪽

1 당신은 신선한 달걀을 고를 수 있는가 /
2 쉬운 방법이 있다 / 그것을 하는 /
3 그릇을 채워라 / 찬물로 / 그리고 달걀 하나를 넣어라 / 그것 안에 /
4 신선한 달걀은 무겁다 / 그래서 그것은 가라앉는다 / 바닥으로 /
5 썩은 달걀은 가스를 가지고 있다 / 내부에 / 그래서 그것은 올라온다 / 물의 표면으로 /
6 2주 된 달걀은 어떤가 /
7 그 달걀은 가라앉거나 뜨지 않는다 /
8 대신에 / 그것은 머물러 있는다 / 한가운데에 /

Word Review

1 건강에 좋은
2 고르다
3 기름진
4 부드러운
5 설탕이 든
6 시끄러운
7 식당
8 신이 난
9 정크 푸드
10 중요한
11 차분한
12 특정한

Sentence Review

1 식당들은 대개 음악을 틀어 놓는다 /
2 당신은 그것을 알지 못할 수도 있다 / 하지만 음악은 매우 중요하다 / 사람들의 건강에 /
3 당신은 그 이유를 아는가 / 음악은 사람들이 특정한 음식을 고르도록 만들 수 있다 /
4 음악이 빠르고 시끄러운가 / 그러면 사람들은 신이 난다 /
5 그리고 그들은 자주 정크 푸드를 선택한다 / 그들은 기름진 음식이나 설탕이 든 음식을 선택할 수도 있다 /
6 음악이 부드럽고 느린가 / 그러면 사람들은 차분함을 느낀다 /
7 그리고 그들은 자주 건강에 좋은 음식을 선택한다 / 그들은 샐러드나 생선을 고를 수도 있다 /
8 그것은 보여준다 / 음악이 중요하다는 것을 / 좋은 건강을 위해 /
9 당신은 원하는가 / 건강해지기를 /
10 그렇다면 조용한 식당을 선택해라 / 그리고 느린 음악을 즐겨라 /

Word Review

1 마법; 마법의
2 부모 (아버지나 어머니 한쪽)
3 비밀; 비밀의
4 비밀번호
5 사용하다
6 안전한
7 열쇠
8 웹사이트
9 유지하다
10 이메일
11 인터넷
12 (컴퓨터의) 파일

Sentence Review

1 당신은 일기를 쓴다 / 컴퓨터에서 / 거실에 있는 /
2 하지만 당신의 부모님이나 여동생이 그 컴퓨터를 사용할 수 있다 /
3 그들이 당신의 일기를 읽을지도 모른다 /
4 당신은 걱정이 된다 / 그것에 대해 /
5 당신은 무엇을 해야 할까 /
6 당신은 나를 사용해야 한다 / 당신의 파일들을 위해 /
7 나는 비밀의 단어이다 / 마법의 열쇠 같은 /
8 만약 사람들이 나를 알지 못하면 / 그들은 당신의 파일들을 열 수 없다 /
9 내가 그것들을 안전하게 지킬 것이다 /

Word Review

33쪽

1 함께	5 서로	9 뒤쫓다, 추적하다
2 재미로	6 삼키다	10 공중에서
3 재주; 장난	7 사냥하다	11 공격하다
4 씹다	8 떼를 지어	12 ~ 밖으로

Sentence Review

34쪽

1 돌고래들은 사냥한다 / 떼를 지어서 /

2 그들이 물고기를 발견하면 / 그들은 그것을 공격한다 / 함께 /

3 돌고래들은 그들의 먹이를 씹을 수 없다 /

4 그래서 그들은 그것을 삼켜야 한다 / 빨리 /

5 만약 그들이 그렇게 하지 않으면 / 그 물고기는 헤엄쳐 가 버릴 것이다 /

6 돌고래들은 또한 좋아한다 / 함께 노는 것을 /

7 그들은 뛰어오른다 / 물 밖으로 / 그리고 재주를 부린다 / 공중에서 /

8 그들은 종종 서로를 쫓는다 / 재미로 /

Word Review

35쪽

1 행운의, 운이 좋은	5 운, 행운	9 다른
2 지나가다	6 얻다	10 나라
3 잃다	7 불운한	11 거리
4 의미하다	8 믿다	12 갑자기

Sentence Review

36쪽

1 당신은 길을 걷고 있다 / 갑자기 / 검은 고양이 한 마리가 빠르게 지나간다 /

2 그것은 좋은가 아니면 나쁜가 / 스코틀랜드에서는 / 어떤 사람들은 생각한다 / 그것이 좋은 일이다 /

3 그들은 믿는다 / 검은 고양이를 보는 것은 행운이다 /

4 그들은 말한다 / 당신이 많은 돈을 얻을지도 모른다 / 또는 새로운 친구를 사귄다 /

5 하지만 미국에서는 / (상황이) 매우 다르다 /

6 미국인들은 믿는다 / 검은 고양이가 불운을 가져올지도 모른다 /

7 그들은 말한다 / 당신이 돈을 잃을지도 모른다 / 또는 문제를 겪을지도 모른다 /

8 그래서 그들은 말한다 / 당신이 조심해야 한다 /

9 검은 고양이를 보는 것은 / 다른 것을 의미한다 / 다른 나라에서 /

10 그것이 흥미롭지 않은가 /

Word Review

37쪽

1 혼자서	5 사진을 찍다	9 마을
2 조종사, 파일럿	6 비행기	10 날다
3 이웃	7 배달하다	11 가져가다
4 식물	8 물을 주다; 물	12 ~ 없이

Sentence Review

38쪽

1 나는 많은 일을 한다 / 사람들을 위해 /
2 어제 / 나는 다른 마을로 날아갔다 / 상자를 배달하기 위해서 /
3 그런 다음 / 나는 피자와 커피를 배달했다 / 나의 이웃에게 /
4 지금 / 나는 식물들에 물을 주고 있다 / 농장에 있는 / 위에서 /
5 그리고 / 나의 친구는 농장의 사진들을 찍고 있다 / 하늘에서 /
6 당신은 생각하는가 / 내가 비행기라고 /
7 아니, 그렇지 않다 /
8 나는 혼자 비행한다 / 조종사 없이 /

Word Review

39쪽

1 ～을 보다	5 뒷부분, 뒷면	9 여전히
2 ～을 향하다; 얼굴	6 머리	10 웃다
3 건네주다	7 쪽지; 메모	11 칠판
4 귀여운	8 소리치다	12 해바라기

Sentence Review

40쪽

1 Olivia 선생님은 눈과 귀가 있다 / 그녀의 머리 뒤쪽에 /
2 그녀는 글을 쓰고 있다 / 칠판에 /
3 그래서 그녀는 칠판을 마주보고 있다 /
4 Tom이 나에게 쪽지를 건네준다 /
5 바로 그때 / Olivia 선생님이 말한다 / 쪽지를 건네지 마라 / 서로에게 /
6 그녀는 어떻게 알았을까 /
7 그녀는 여전히 칠판을 보고 있다 /
8 Jack이 우리를 본다 / 그리고 웃는다 /
9 그러자 Olivia 선생님이 소리친다 / 웃지 마 / Jack /

21 왕의 초상화

Word Review

41쪽

1 (그림을) 그리다	5 구부러진	9 용감한
2 (눈이) 감긴	6 끝내다	10 침묵하는; 조용한
3 ～을 두려워하다	7 숨기다	11 현명한
4 계속 ～한 상태이다	8 약점, 단점	12 화가; 예술가

Sentence Review

42쪽

1 옛날에 / 무서운 왕이 있었다 /

2 그 왕은 하나의 눈과 하나의 다리만을 가지고 있었다 / 그래서 사람들은 그를 두려워했다 /

3 어느 날 / 그 왕은 자신의 그림을 원했다 /

4 그는 많은 화가들에게 말했다 / (자신의) 그림을 그리라고 /

5 대부분의 화가들은 침묵했다 / 그들은 무서웠기 때문이었다 /

6 오직 한 명의 화가만이 용감하게 그러겠다고 말했다 / 며칠 후 / 그는 그림을 완성했다 /

7 그 그림 속에서 / 그 왕은 사냥을 하고 있었다 /

8 그리고 / 그의 한쪽 눈은 감겨 있었다 / 그리고 그의 한쪽 다리는 구부러져 있었다 /

9 그 그림은 용감한 왕을 보여주었다 / 그리고 그것은 또한 그의 약점을 잘 숨겼다 / 얼마나 현명한가 /

10 그 왕은 매우 기뻐했다 / 그리고 많은 금을 주었다 / 그 화가에게 /

22 난 언젠가 날 거야!

Word Review

43쪽

1 ～ 위로	5 높이	9 실현되다, 이루어지다
2 기어가다	6 다리	10 움직이다
3 꿈; 꿈꾸다	7 다채로운, 화려한	11 정원
4 날개	8 (동물의) 털; 머리카락	12 희망하다

Sentence Review

44쪽

1 나는 산다 / 아름다운 정원에서 /

2 나는 많은 다리와 털을 가지고 있다 / 그래서 나는 무섭게 보일지도 모른다 /

3 나는 기어다닌다 / 녹색 잎사귀 위를 / 그리고 그것들을 먹는다 /

4 나는 때때로 꽃도 먹는다 /

5 나는 큰 꿈이 하나 있다 /

6 나는 꿈꾼다 / 크고 아름다운 날개를 가지는 것을 /

7 날개가 있으면 / 나는 높이 날 수 있다 / 형형색색의 꽃들 위로 / 정원에 있는 /

8 나는 소망한다 / 나의 꿈이 이루어지기를 / 곧 /

Word Review

45쪽

1 화장
2 피부
3 장점
4 자랑스러워하는
5 운동하다
6 약점
7 안팎으로
8 십 대, 청소년
9 숨기다
10 더 좋은
11 ~을 자랑하다, 뽐내다
12 (화장을) 하다; (옷을) 입다

Sentence Review

46쪽

1 오늘날 / 많은 십 대들이 즐긴다 / 화장하는 것을 / 왜일까 /
2 그것이 그들을 기분 좋게 만들기 때문이다 /
3 그들은 화장을 하면 / 그들은 자신들의 장점을 뽐낼 수 있다 /
4 그들은 또한 자신들의 약점을 숨길 수도 있다 /
5 하지만 / 몇몇 사람들은 걱정한다 /
6 그들은 생각한다 / 화장이 나쁘다고 / 십 대들의 어린 피부에 /
7 그들은 말한다 / 좋은 음식을 먹고 운동을 해라 /
8 이것은 당신을 아름답게 만들 것이다 / 안팎으로 /
9 이것이 더 좋다 / 화장보다 /

Word Review

47쪽

1 일; 노력하다
2 돈을 벌다
3 배우
4 성공하다
5 슬프게도
6 유명인, 스타
7 유명한
8 재능
9 직업
10 진실
11 충분한
12 힘든 일

Sentence Review

48쪽

1 많은 아이들이 원한다 / 유명해지기를 /
2 그들은 생각한다 / 가수들과 배우들이 멋지다고 /
3 몇몇 아이들은 믿는다 / 그들이 많은 돈을 번다고 /
4 그래서 / 어릴 때부터 / 그들은 꿈꾼다 / 가수나 배우가 되는 것을 /
5 하지만 / 그들은 진실을 알지 못할 수도 있다 / 스타가 되는 것은 / 매우 힘든 일이다 /
6 먼저 / 당신은 훌륭한 재능을 가져야 한다 / 당신은 또한 노력해야 한다 / 정말 열심히 /
7 안타깝게도 / 오직 극소수의 사람들만 성공한다 /
8 그리고 / 그들 중 많은 사람들이 / 충분한 돈을 벌지 못한다 /
9 그들은 종종 또 다른 직업이 필요하다 / 스타가 되는 것은 / 결코 쉽지 않다 /
10 당신은 아직도 꿈꾸는가 / 그것에 대해 /

Word Review

49쪽

1 간식	5 맛있는	9 요리하다
2 기계	6 상점	10 재미있는
3 나눠 먹다; 같이 쓰다	7 큰 통, 양동이	11 짭짤한
4 맛	8 영화관	12 펑하고 터지다

Sentence Review

50쪽

1 나는 맛있는 간식이다 /

2 나는 큰 통에 담겨 나온다 / 영화관에서 / 그리고 모두가 좋아한다 / 나를 나눠 먹는 것을 /

3 당신은 나를 찾을 수 있다 / 다양한 색깔과 맛으로 / 상점에서도 /

4 나는 달콤하거나 짭짤할 수 있다 /

5 사람들은 나를 요리한다 / 특별한 기계에서 / 또는 레인지에서 /

6 나를 만드는 것은 / 정말 재미있다 /

7 왜냐고 / 나는 '펑하고 터지기' 때문이다 /

Word Review

51쪽

1 (안경을) 착용하다; (옷을) 입다	5 듣다	9 안경
2 나이 든	6 맛있는	10 수영장; 웅덩이
3 더 잘	7 수영하다	11 찾다
4 돕다	8 식사	12 크게 자라다

Sentence Review

52쪽

1 나이 든 펭귄들이 있었다 / 동물원에 /

2 그 펭귄들은 앞을 볼 수 없었다 / 잘 /

3 그 동물원은 원했다 / 그들을 돕기를 / 그래서 그들은 했다 / 특별한 일을 /

4 그 동물원은 안경을 만들어 주었다 / 그들에게 /

5 그 펭귄들이 안경을 쓴 후에 / 그들은 더 잘 볼 수 있었다 /

6 이제 / 그들은 아주 좋아한다 / 그 안경을 쓰는 것을 /

7 그 펭귄들은 작은 물고기들을 쉽게 찾는다 / 그들의 수영장에서 /

8 그들은 맛있는 식사를 즐긴다 / 매일 /

Word Review

53쪽

1 힘	**5** 옛날에	**9** 깨어나다
2 적, 적군	**6** 약한	**10** 깨닫다
3 자르다	**7** 싸우다	**11** 계획
4 울다	**8** 실수	**12** ~을 두려워하다

Sentence Review

54쪽

1 옛날에 살았다 / 아주 힘이 센 남자가 / 이스라엘에는 / 그의 이름은 Samson이었다 /

2 그는 큰 사자들과 싸울 수 있었다 / 그의 적들은 그를 매우 무서워했다 / 그래서 그들은 계획을 세웠다 /

3 그 계획은 Samson을 약하게 만드는 것이었다 /

4 그들은 아름다운 여인인 Delilah를 보냈다 / Samson에게 /

5 Samson은 그녀와 사랑에 빠졌다 /

6 그들은 시작했다 / 함께 살기 / 어느 날 / 그는 그녀에게 자신의 비밀을 말했다 /

7 그는 말했다 / 내 힘은 나와요 / 나의 긴 머리카락으로부터 /

8 그날 밤 / Samson이 자고 있는 동안 / Delilah는 그의 머리카락을 잘랐다 /

9 그래서 Samson은 그의 힘을 잃었다 / 그다음 날 아침 / 그는 깨어났다 / 그리고 그것에 대해 알게 되었다 /

10 그는 자신의 실수를 깨달았다 / 그리고 큰 소리로 울었다 /

Word Review

55쪽

1 (동물의) 털	**5** 따라 하다, 모방하다	**9** 쉬운
2 가장 좋아하는	**6** 뛰어오르다	**10** 인간; 인간의
3 오르다, 기어오르다	**7** 방식	**11** 취미
4 나뭇가지	**8** 붙잡다	**12** 행동

Sentence Review

56쪽

1 나는 튼튼한 팔과 다리를 가지고 있다 / 그래서 나는 나무를 기어오를 수 있다 / 아주 잘 /

2 나무에서 나무로 뛰어오르는 것은 / 쉽다 / 나에게 /

3 나는 긴 꼬리도 가지고 있다 /

4 그것은 나를 돕는다 / 나뭇가지들을 잡는 것을 /

5 과일은 내가 가장 좋아하는 간식이다 /

6 나는 바나나, 망고, 그리고 파파야를 먹는다 /

7 나는 사람처럼 생겼다 / 하지만 나의 몸은 부드러운 털을 가지고 있다 / 온통 /

8 나는 사람의 행동을 따라 하는 것을 아주 좋아한다 /

9 그것은 단지 나의 취미가 아니다 /

10 그것은 나의 방식이다 / 새로운 것을 배우는 /

Word Review   57쪽

1 기억하다	5 시도하다	9 유지하다
2 방법	6 약, 대략	10 잊다
3 복습하다	7 어려운	11 정보
4 시간, 한 시간	8 옮기다	12 휴식을 취하다

Sentence Review   58쪽

1 새로운 것들을 배우는 것은 / 매우 어렵다 /
2 몇몇 과학자들은 말한다 / 우리가 그것들의 약 60% 정도를 잊어버린다 / 한 시간 안에 /
3 하루가 지난 후에 / 우리는 오직 30% 정도만 기억한다 /
4 당신은 원하는가 / 더 많이 기억하기를 /
5 이것을 시도해봐라 / 복습해라 / 배운 직후에 /
6 다시 복습해라 / 20분 후에 /
7 그런 다음 / 휴식을 취해라 /
8 다시 복습해라 / 그다음 날에 /
9 이 방법은 당신의 기억력을 강하게 유지해 준다 / 왜일까 /
10 그것은 그 정보를 옮긴다 / 당신의 장기 기억 속으로 /

Word Review   59쪽

1 추측하다	5 움직이다	9 도전
2 입술	6 우승자	10 가장 좋아하는
3 인기 있는	7 실제의, 진짜의	11 ~인 체하다
4 이상한	8 바쁜	12 (시간이) 다 되다

Sentence Review   60쪽

1 짧은 동영상들을 시청하는 것은 / YouTube에서 / 매우 인기가 있다 / 지금 / 왜일까 /
2 오늘날 / 사람들은 너무 바쁘다 / 그들은 시간이 없다 / 긴 동영상들을 시청할 /
3 그들이 가장 좋아하는 종류들 중의 하나는 / 댄스 동영상들이다 /
4 이 동영상들 속에서 / 아이들은 멋진 음악에 맞춰 춤을 춘다 /
5 그들은 (~하는) 체한다 / 노래하고 춤추는 / 스타들처럼 / 하지만 그들은 실제로 노래하지는 않는다 /
6 그들은 단지 그들의 입술만 움직인다 / 그러나 그것은 진짜처럼 보인다 /
7 또 다른 인기 있는 종류의 동영상은 챌린지 동영상들이다 / 이것들은 게임들과 같다 /
8 거기에서 / 아이들은 웃긴 일들을 한다 / 이상한 음식을 먹고 경주를 하는 것과 같은 /
9 그들은 노력한다 / 끝내려고 / 시간이 다 되기 전에 / 누가 이길까 /
10 우승자를 추측하는 것은 / 재미있다 / 이 동영상들은 흥미진진하다 / 그리고 우리를 웃게 만든다 /

Word Review

61쪽

1　(~한 상태로) 두다; 떠나다
2　(아이스크림) 콘
3　녹다
4　다양한
5　맛
6　맛있는
7　박하
8　부드러운
9　음식을 제공하다
10　캐러멜
11　핥다
12　햇볕에

Sentence Review

62쪽

1　나는 맛있는 간식이다 /
2　나는 부드럽고 달콤하다 /
3　나는 다양한 맛을 가지고 있다 / 바닐라와 초콜릿 같은 /
4　민트와 캐러멜 맛도 있다 /
5　당신은 나를 찾을 수 있다 / 많은 상점들에서 /
6　사람들은 나를 제공한다 / 컵이나 콘으로 /
7　그들은 나를 핥는 것을 즐긴다 /
8　당신은 나를 먹어야 한다 / 빨리 / 그렇지 않으면 나는 녹을 것이다 /
9　그리고 당신은 나를 두면 안 된다 / 햇볕에 /

Word Review

63쪽

1　생일
2　즐기다
3　타다
4　관심이 있는
5　공유하다
6　똑같은
7　취미
8　그런데
9　한가한; 무료의
10　토요일
11　자전거를 타러 가다
12　함께 하다

Sentence Review

64쪽

1　안녕, Sarah / 나는 Jack이야 / Paul의 생일 파티에 있었던 /
2　나는 너와 이야기를 나누는 것이 정말 즐거웠어 / 파티에서 / 그리고 기뻤어 / 들어서 / 네가 자전거 타는 것을 좋아한다는 것을 /
3　나도 자전거를 너무 좋아해 / 멋져 /
4　우리는 똑같은 취미를 공유하고 있어 /
5　그런데 / 너는 한가하니 / 이번 토요일에 /
6　Paul과 나는 자전거를 타러 갈 거야 / 센트럴 파크에 / 그리고 재미있을 거야 / 만약 네가 우리와 함께하면 /
7　나에게 알려줘 / 만약 네가 관심이 있다면 / 고마워 /

Word Review　69쪽

1 걱정하는	5 뚱뚱한	9 사다
2 건강한	6 더 적게	10 식이 요법, 다이어트
3 기쁜	7 똑똑한	11 잊다
4 냉장고	8 더 뚱뚱한	12 체중을 줄이다

Sentence Review　70쪽

1 Green 씨는 너무 뚱뚱했다 / 그리고 건강해지기를 원했다 / 그래서 그는 식이 요법을 시작했다 /
2 그러나 그는 종종 잊었다 / 그리고 너무 많이 먹었다 /
3 그는 파이, 케이크, 그리고 아이스크림을 먹었다 /
4 Green 부인은 걱정이 되었다 / 그래서 그녀는 스마트 냉장고를 샀다 /
5 그녀가 그것을 산 후에 / 놀라운 일이 일어났다 /
6 Green 씨가 냉장고를 열기 전에 / 그것은 말했다 / 먹지 마세요 / 당신은 더 뚱뚱해질 거예요 /
7 이제 / Green 씨는 덜 먹는다 / 그리고 Green 부인은 기쁘다 /

Word Review　71쪽

1 휴식; 깨지다	5 풀다	9 과제
2 활력, 에너지	6 집중하다	10 과목
3 피하다	7 조언	11 간단한
4 피곤해지다	8 수학	12 (타이머 등을) 맞추다

Sentence Review　72쪽

1 당신은 피곤해진다 / 당신이 많은 숙제를 할 때 /
2 어떻게 당신이 그것을 피할 수 있을까 /
3 여기 몇 가지 조언들이 있다 / 멈추고 쉬어라 / 당신이 피곤함을 느끼기 전에 /
4 당신은 휴식을 취할 수 있다 / 30분마다 /
5 당신은 간단한 간식을 먹을 수도 있다 / 휴식 시간 동안 /
6 이것은 당신에게 에너지를 줄 것이다 / 다음으로 / 당신은 각기 다른 과목들을 공부할 수 있다 /
7 예를 들면 / 영어를 공부해라 / 그러고 나서 수학 문제를 풀어라 /
8 이것을 함으로써 / 당신은 흥미를 잃지 않을 것이다 /
9 마지막으로 / 타이머를 사용해라 / 그것을 설정해라 / 15~20분 동안 / 각각의 과제에 대해 /
10 그러면 / 당신은 더 잘 집중할 수 있다 / 그리고 더 빨리 일할 수 있다 /

MEMO

주소 경기도 과천시 과천대로2길 54(갈현동, 그라운드브이)

Reader's Bank 독해 잠재력이 독해 실력으로 바뀌는 영어 독해의 모든 것

대표전화 1544-0554
주소 경기도 과천시 과천대로2길 54(갈현동, 그라운드브이)
협의 없는 무단 복제는 법으로 금지되어 있습니다.